Heribert Prantl

Rot-Grün

Eine erste Bilanz

campe paperback

Abdruck des Gedichts auf Seite 7 mit freundlicher Genehmigung des Suhrkamp Verlages (aus: Bertolt Brecht, Gesammelte Werke, Bd. 10, Gedichte 3, © Suhrkamp Verlag Frankfurt/M. 1967)

Die Deutsche Bibliothek – CIP-Einheitsaufnahme
Prantl, Heribert:
Rot-Grün : eine erste Bilanz / Heribert Prantl.
– 1. Aufl. – Hamburg : Hoffmann und Campe, 1999
(Campe-Paperback)
ISBN 3-455-10383-9

Schutzumschlag: Eberhard Beaufort
Satz: Utesch GmbH, Hamburg
Druck und Bindung: Clausen & Bosse, Leck
Printed in Germany

Inhalt

Soll das heißen, daß wir uns bescheiden
Und »so ist es und so bleib es« sagen sollen?
Und, die Becher sehend, lieber Dürste leiden
Nach den leeren greifen sollen, nicht den vollen?

Soll das heißen, daß wir draußen bleiben
Ungeladen in der Kälte sitzen müssen
Weil da große Herrn geruhn, uns vorzuschreiben
Was da zukommt uns an Leiden und Genüssen?

Besser scheint's uns doch, aufzubegehren
Und auf keine kleinste Freude zu verzichten
Und die Leidenstifter kräftig abzuwehren
Und die Welt uns endlich häuslich einzurichten!

Bertolt Brecht,
Gegenlied zu »Von der Freundlichkeit der Welt«

Kapitel 1

Die sieben Leben der Regierung Schröder

Wie viele Chancen braucht die rot-grüne Koalition, bis sie zu regieren anfängt?

Es war ein anderer Anfang als alle bisherigen Anfänge in der Geschichte der Bundesrepublik – ein unaufgeregter Anfang, ein Anfang ohne Triumph und Euphorie, aber auch ohne parlamentarisches Wehgeschrei. Der Machtwechsel am 27. Oktober 1998, dem Tag, an dem Gerhard Schröder zum Bundeskanzler gewählt wurde, ging nicht einher mit Blitz und Donner, er war wie ein Spaziergang an einem milden Oktobertag: mit einer Selbstverständlichkeit, wie man sie sich für eine Demokratie nur wünschen kann. Dieser Machtwechsel war gerade deshalb ein historisches Ereignis, weil man ihm die Geschichtlichkeit kaum anmerkte. Zum erstenmal seit Bestehen der Bundesrepublik war das eigentlich Selbstverständliche selbstverständlich geworden. Das war der Zauber, der diesem Anfang innewohnte.

Die Republik bebte nicht; und die, die so etwas behaupteten, wurden milde belächelt. Die Menschen waren nicht hysterisch (einige Wirtschaftsfunktionäre ausgenommen), im Parlament herrschte kein Tumult. Deutschland erlebte demokratische Normalität: Die Macht ging in neue Hände. Zugleich bahnte sich etwas Außergewöhnliches an, nämlich die Überführung der Macht von Bonn nach Berlin. Das alles geschah nicht in nervöser Atmosphäre, die Politik war nicht gereizt, nicht fiebrig. Sie war so gelassen wie Helmut Kohl.

Der große Alte nahm auf seinem einfachen Abgeordnetenstuhl Platz. Er tat dies ohne die Bitterkeit, wie man sie von Konrad Adenauer kannte, der auf diesem Stuhl saß wie Napoleon auf Sankt Helena – von Ludwig Erhard und der FDP in die Verbannung geschickt. Kohl hatte in den letzten Wochen gewußt, was auf ihn zukommen würde, die Umfragen ließen keinen Zweifel mehr. Und rückblickend erklärt er heute seine nochmalige Kandidatur wie ein notwendiges Opfer: Er habe noch einmal kandidieren müssen, um damit den Euro ein letztes, entscheidendes Stück Weg begleiten und ihn schützen zu können.

Der Zauber des Anfangs hielt nicht lange. Nicht erst der Jugoslawien-Krieg hat ihn zerstört. Schon die Parteitage der SPD und der Grünen, die das Ergebnis der Koalitionsverhandlungen genehmigten, ließen die Entzauberung ahnen. Der Grünen-Parteitag Ende Oktober 1998 war noch ein Tag des mentalen Rausches, der glückseligen Trunkenheit – aber eben der Trunkenheit, nicht der ausgelassenen Freude. So ähnlich, wie es bei diesem Grünen-Parteitag war, muß es wohl sein, wenn ein Blinder wieder sehen kann: Er betastet alles, um zu begreifen, was er erblickt. Er freut sich wie ein Kind, einfach deshalb, weil er die Dinge vor Augen hat. Viele Dinge hat er sich schöner vorgestellt, aber das macht ihm momentan nicht viel aus, es beglückt ihn ja schon, daß er ihrer ansichtig wird. So erging es dem Gros der Delegierten, so erging es den meisten Protagonisten des grünen Parteitags. Sie waren gerührt – nicht vom eigenen, äußerst dürftigen Wahlergebnis bei der Bundestagswahl, sondern von sich selbst und von der Macht, an der sie nun Anteil hatten; viele hatten wenige Wochen zuvor nicht mehr geglaubt, daß man überhaupt die Fünf-Prozent-Hürde schaffen würde.

Macht macht trunken, und es ist wie beim Alkohol: Bei denen, die ihn noch nicht genossen haben, wirkt er besonders stark. Aber damit allein ist das Verhalten der Grünen in den ersten Monaten der rot-grünen Regierung noch nicht erklärt. Sicherlich: Die Grünen und ihre Hauptdarstellerinnen und Hauptdarsteller waren ganz ergriffen von ihrer neuen Wichtigkeit. Aber das war angesichts der politischen Vita dieser Generation ja nicht unverständlich – einer Generation, die früher »Nie wieder Deutschland« skandiert hatte und die jetzt, als Regierungspartei, von Bonn nach Berlin umzog.

Die 68er und ihre Nachfahren, die Generation also, die von sich behauptet, daß sie die alte Bundesrepublik erst bewohnbar gemacht habe, brach auf, um im neuen alten Zentrum zu regieren. Joschka Fischer ist das personifizierte Exempel: Sein Weg vom Frankfurter Pflasterstrand an die Spitze des Auswärtigen Amtes ist eine bewundernswerte, ja die schönste politische Tellerwäscher-Vita der deutschen Demokratie. Die Normalität des Machtwechsels mochte den Irrglauben nahelegen, daß ein »richtiger« Wechsel gar nicht stattgefunden hätte. Das war und ist falsch. Es ist freilich so, daß die 68er Generation in der politischen und parlamentarischen Realität angekommen ist. Diese Generation ist nicht, wie vor einigen Jahren schon behauptet wurde, abgewählt. Sie ist jetzt an der Macht – auch wenn der Marsch durch die Institutionen, es ist ja wirklich wahr, die Marschierer mehr verändert hat als die Institutionen selbst.

Insgeheim hatten die Grünen Angst vor ihrer neuen Regierungsaufgabe, die sie sich und die ihnen ihre Klientel zumutete; im rauschhaften Zustand ließ sich diese Angst vorübergehend vergessen. Nicht nur ihres äußerst dürftigen Wahlergebnisses wegen waren und sind die Grünen in einer schlechten Position. Sie sind es auch wegen des ungeheuer großen Erwartungsdrucks ihrer Klientel, die einerseits apodiktisch gefordert hatte, daß, wenn Rot-Grün eine Mehrheit hat, es auch Rot-Grün geben muß (ganz egal, was bei den Koalitionsverhandlungen herauskommt) – und die andererseits erwartet, daß ihre Partei in hundert Tagen, spätestens aber in einem Jahr, sechzehn Jahre Kohl auslöscht.

Bei den Sozialdemokraten war von einem Rauschzustand von Anfang an wenig zu spüren – ihr erster Parteitag nach dem Wahlsieg, der fast zeitgleich mit dem der Grünen stattfand, war ganz anders als dieser. Nicht, daß sich die Sozialdemokraten auf ihrem Parteitag nicht auch gerne berauscht hätten; doch sie, die das Wunder von Bonn zuwege gebracht hatten, fühlten sich eher wunderlich. Schuld daran war nicht ein aufgewärmter Kater, schuld daran war ein sich ankündigender Katzenjammer. Die Delegierten spürten bei der beleidigten Rede eines dünnhäutigen Oskar Lafontaine, was da in der Luft lag: der große Krach an der Spitze, der sich dann viereinhalb Monate später für alle zeigte, als Oskar Lafontaine den Bettel hinwarf.

Lafontaine, der Held von Mannheim, wo er im November 1995 Rudolf Scharping aus dem Parteivorsitz vertrieben und sich selbst an die Spitze gesetzt hatte, der Zuchtmeister der nachfolgenden erfolgreichen drei SPD-Jahre, hatte in den ersten Regierungsmonaten so galoppierend an Autorität in der Fraktion und auch in der Partei verloren wie die rot-grüne Regierung den im Wahlergebnis noch ausgewiesenen Rückhalt in der Bevölkerung. Der Parteivorsitzende Lafontaine hatte keine Zeit mehr, sich um die Partei zu kümmern, weil er sich als Finanzminister vergeblich und verzweifelt bemühte, in Fragen der Geldpolitik die Kompetenz eines Ludwig Erhard auszustrahlen. Lafontaine gerierte sich nicht wie ein Politiker, sondern wie ein Ordinarius der Volkswirtschaftslehre mit Spezialgebiet Globalsteuerung. So verspielte Lafontaine seine persönliche Autorität, dabei kräftig unterstützt vom Bundeskanzleramt, vom Bundesverband der Deutschen Industrie und den wirtschaftsfreundlichen Medien (das sind derzeit die meisten). Für sie alle war Lafontaine der Protagonist einer SPD, der soziale Gerechtigkeit und Umverteilung eines der wichtigsten Anliegen ist – also ein altmodischer Traditionalist. Mit dem Mobbing gegen Lafontaine mobbte man das Soziale in der sozialdemokratischen Partei.

So verfiel auch die Autorität der Partei, der er vorsaß. In der aktuellen Politik war die SPD schon am Ende der Ära Lafontaine kaum noch vorhanden, sie meldete sich selten zu Wort, verlor jede Eigenständigkeit gegenüber der Regierung. Das mochte man vordergründig als Erfolg des Kanzlers Gerhard Schröder betrachten, der mit der SPD als Funktionärspartei nie zurechtgekommen war. Wenn die SPD aber keine Rolle mehr spielt, dann wird auch Schröder in absehbarer Zeit keine Rolle mehr spielen. Dieses Loch füllt dann auch kein anderer Koalitionspartner der SPD, schon gar nicht die FDP.

In der deutschen Politik gilt das Kanzler-Prinzip: Der Kanzler hat die politische Führung im Kabinett, mag einer seiner Minister auch noch so machtbewußt und mächtig sein. Der Kanzler bestimmt die Richtlinien der Politik, und wenn er die Möglichkeiten von Verfassung und Geschäftsordnung nutzt, ist er nicht Primus inter pares, sondern Motor und Kontrolleur der gesamten Regierungstätigkeit. Die Richtlinien der Politik – für Schröder bedeuten sie: Ich weiß, wo der Hammer hängt, und ich benutze ihn auch. Lafontaine hatte das zu spät gemerkt. Die Annahme eines Regierungsamtes war sein großer Fehler. Er hatte wohl geglaubt, als SPD-Vorsitzender sei er außer Reichweite des Hammers, er müsse ihn jedenfalls nicht fürchten. Er hat sich getäuscht, radikale Konsequenzen gezogen und seine Partei im Stich gelassen. Die Art des Rücktritts diskreditierte Lafontaines politische Leistung, sie relativierte ihn als politische Leitfigur, und sie schwächte die sozialen Positionen der SPD, für die er einstand. Sein Rücktritt von allen Ämtern war und ist ein Schock für die Partei: Innerhalb von sechs Jahren hatte (nach Björn Engholm) zum zweitenmal ein Parteivorsitzender über Nacht alle politischen Ämter hingeworfen.

Die Grünen hatten schon früher als Lafontaine den Hammer des Kanzlers gespürt. Bei den Koalitionsverhandlungen hatten die Verhandler des Kanzlers dem kleinen Koalitionspartner nichts geschenkt – im Gegenteil: Von den grünen Positionen blieb nicht sehr viel übrig. Unverblümtes Motto der SPD bei den Koalitionsverhandlungen war ein numerisches: wir sieben, ihr eins. Das Wahlergebnis sollte sich also auch im Kräfteverhältnis der Koalitionsgespräche und deren Ergebnissen widerspiegeln. Dabei war es gar nicht so, daß die SPD durchweg mit klaren Vorgaben in diese Verhandlungen gegangen war: Woher hätten die klaren Vorgaben kommen sollen? Im Wahlkampf war zwar »das Neue« beschworen worden, aber das Neue bestand aus »Weg mit Kohl«. Nach einem Wahlkampf mit schön formulierten, aber sehr vagen SPD-Aussagen fallen die Inhalte nicht wie die Sterntaler vom Himmel. Auch deshalb hatten die Grünen Verhandlungsschwierigkeiten. Sie hatten es im übrigen oft nicht nur mit einem, sondern mit zwei Verhandlungspartnern zu tun: Am Tisch saßen oft genug zwei ganz verschiedene SPD-Positionen.

Es gab nicht nur Punkte, bei denen die Grünen (wie in der inneren Sicherheit und bei der Flüchtlingspolitik) auf Granit bissen; es gab viele, da bissen sie auf Watte. Das Koalitionspapier hätte angesichts solcher Ausgangsvoraussetzungen noch schlechter ausfallen können. So aber wurde es zu einem Papier, aus dem sich, guten Willen und forcierte Regierungslust vorausgesetzt, etwas machen ließ. Und so haben sich die Grünen nicht nur darauf verständigt, der Macht ganz schnell etliche ihrer Prinzipien zu opfern, sondern auch darauf, das Koalitionspapier wie ein Vexierbild zu betrachten: von der Seite nämlich, die durch Prüfungs- und Öffnungsklauseln noch Spielräume für politische Offensiven läßt – etwa da, wo im Koalitionsvertrag unter der Überschrift Integration und Ausländerrecht davon die Rede ist, daß man die »Härtefallklausel so gestalten« werde, »daß unerträgliche Lebenssituationen des Betroffenen angemessen berücksichtigt werden können«; oder wenn es im Abschnitt Asylrecht heißt: »Die Dauer der Abschiebungshaft und des Flughafenverfahrens wird im Lichte des Verhältnismäßigkeitsgrundsatzes überprüft.« Von solchen Offensiven war dann freilich in den folgenden Monaten wenig zu merken; aus der geplanten Offensive wurde Autoaggression.

Die Grünen nutzten ihre Kraft oftmals zur destruktiven Pflege ihrer Eitelkeiten – und so kam es, daß das grüne Prestigeobjekt des Atomausstiegs auch vom Semi-Autismus des grünen Umweltministers Jürgen Trittin und dem Cäsarismus des grünen Außenministers Joschka Fischer beschädigt wurde. Das Kanzleramt unter dem damaligen Kanzleramtsminister Bodo Hombach (SPD) hat im übrigen das Seine dazu beigetragen, um den grünen Umweltminister gezielt zu demütigen und so der Industrie zu signalisieren, der Mann sei zum politischen Abschuß freigegeben.

Rot-Grün hatte (jedenfalls bis zu den Landtagswahlen in Hessen im Februar 1999) einen politischen Gestaltungsspielraum, wie ihn kaum eine Vorgängerregierung gekannt hatte: eine stabile Mehrheit im Bundestag, dazu eine Mehrheit im Bundesrat – und am 1. Januar 1999 begann die halbjährige deutsche Ratspräsidentschaft in der Europäischen Union, der Vorsitz in der Westeuropäischen Union WEU und im Staatenclub der G-7-Länder. Idealere Voraussetzungen für eine Regierung mit Regierungslust hätte man sich nicht vorstellen können. Doch diese Lust am Regieren wurde nicht umgesetzt in eine Kraft des Gestaltens. Was hilft die Lust, wenn man nicht richtig weiß, worauf und wozu? Wenn man hektisch, täppisch, unbeherrscht auftritt? Wenn es mehr um persönliche Macht geht und weniger um machtvolle Visionen, mehr um ergatterte und zugeschobene Posten und weniger um errungene und überzeugende Positionen?

Zum Beispiel Europa. Schon in den ersten Tagen der Ratspräsidentschaft konnte man sich fragen, wer darauf weniger vorbereitet war – Rot oder Grün? Beide hatten am Anfang wenig mehr anzubieten als dies: daß man frischen Wind aus Deutschland nach Brüssel exportieren wollte. Mit frischem Wind allein aber ließ sich, das merkte Rot-Grün alsbald, die Agenda 2000 nicht auf den Weg bringen. Und Gerhard Schröder mußte erfahren, daß Europapolitik nicht aus der Addition von starken Sprüchen besteht. Am Anfang seiner Amtszeit bediente er kräftig das Vorurteil, Europa sei in erster Linie eine Melkmaschine, die den Deutschen das Geld abzapfe. Die englische Krankheit, die schon ausgestorben schien, brach wieder aus, diesmal in Deutschland; in den Reden des neuen deutschen Kanzlers fanden sich massive Krankheitsanzeichen: Schröder betonte nationale Interessen in einem Maß, daß man sich an Maggie Thatcher (»I want my money back«) erinnert fühlte. Helmut Kohl hatte seine Reden mit dem Satz begonnen: »Ich bin für Europa, und deshalb ...« Heute reden auch die, die sich Europa-Befürworter nennen, so: »Ich bin für Europa, aber ...« Zu ihnen gehört Gerhard Schröder.

Regierungslust: Darunter ist wohl etwas anderes zu verstehen als die seltsam kraftprotzenhafte und halbstarke Politik, die sich alsbald nach Regierungsantritt in Bonn breitmachte. Die Regierungspolitiker schwingen sich auf die großen Themen wie die Halbstarken auf ihre Motorräder: Der Motor heult auf, die Räder drehen durch – und es beginnt eine euphorisch-wilde Jagd. Aber schon ein paar Straßen weiter bricht sie wieder ab. Und kaum, daß ein lautstarker Streit darüber beginnt, wohin die Fahrt nun eigentlich gehen soll, kehrt der Anführer der Truppe wieder dahin zurück, wo er hergekommen ist. Und er verkündet, daß der wilde Start doch bitte so ernst nicht genommen werden soll. Die Freude am Fahren sei sozusagen mit ihm durchgegangen.

Bei allen als groß angekündigten Projekten war das so: beim Atomausstieg, beim Staatsbürgerschaftsrecht, bei der Steuerreform. Zuerst wurde mit Pomp und Trara die Zeitenwende verkündet. Dann wurde, wie dies der geplante Ausstieg aus der Kernenergie exemplarisch noch immer zeigt, die Sache ein wenig hinausgeschoben, und für die kleine Verzögerung warb man kokett um Verständnis nach dem Motto: Nur das Unmögliche wird sofort erledigt, Wunder dauern halt etwas länger. Das Unmögliche in diesem Sinn war bereits mit der Ablösung der Regierung Kohl erledigt worden. Die versprochene neue Politik zählte und zählt offenbar zu den Wundern. Doch auch solche Koketterie endet bald. Von der großen Ankündigung des Atomausstiegs bleibt dann nur noch eine Absichtserklärung übrig: Ausstieg? Natürlich – aber nicht heute, nicht morgen, vielleicht übermorgen, aber da könne man sich zeitlich noch nicht festlegen.

Neue Politik: Das angekündigte neue Staatsbürgerschaftsrecht sollte geradezu Symbol dafür sein. Nun beruht die Bedeutung eines Symbols auf seiner Fähigkeit, Konkretes mit Allgemeinem zu verbinden: Konkret sollte der Koalitionsbeschluß also den deutschen Paß für Menschen bringen, die bisher als Ausländer in Deutschland leben mußten. Gleichzeitig sollte dieser Beschluß eine Kehrtwende deutscher Politik signalisieren, nämlich den Ausstieg aus einer Politik der Ausgrenzung, den Einstieg in eine Integrationspolitik, das Ende der bundesdeutschen Lebenslüge, wonach es Einwanderung nicht gibt und nicht gegeben hat. Aus dem großen Symbol wurde dann nur ein kleines.

Als die Kampagne gegen das geplante neue Staatsbürgerschaftsrecht die CDU in Hessen bei den Landtagswahlen zum Erfolg geführt hatte und damit die rot-grüne Mehrheit im Bundestag verloren war, nahm Rot-Grün ziemlich schnell von der großen Reform Abstand; und man hatte den Eindruck, der SPD sei das ganz recht so. Bis zuletzt war für die große Reform ohnehin kaum geworben worden – weil der zuständige Ressortminister Otto Schily (SPD) der Meinung war, man habe in dieser Sache schon gewonnen, wenn selbst konservative Medien wie die *Frankfurter Allgemeine Zeitung* sympathisierende Kommentare schrieben. Zuletzt gab es dann doch noch eine umstrittene ganzseitige Zeitungsanzeige mit dem Sänger Müller-Westernhagen, dem Tennisspieler Becker und dem Unterhaltungskünstler Gottschalk.

Nach der verlorenen Hessen-Wahl griff Rot-Grün auf ein Modell der FDP zum Staatsbürgerschaftsrecht zurück – und machte es mit deren Hilfe zum Gesetz. Was bringt es? Nur wenige Erleichtungen für die Ausländer, die schon Jahre und Jahrzehnte in Deutschland leben. Echte Erleichtungen gibt es nun nur für die Ausländerkinder, die künftig in Deutschland geboren werden – sie werden Doppelpaß-Deutsche auf Zeit. Immerhin: Das verabschiedete Gesetz, das am 1. Januar 2000 in Kraft treten wird, erinnert ein wenig an den Satz, den seinerzeit Neil Armstrong auf dem Mond gesagt hat. Dieser kleine Schritt des Gesetzgebers ist ein großer Schritt für die deutsche Gesellschaft: Sie wird sich verändern.

Der Jugoslawien-Krieg hat die Gesellschaft schon verändert. Und er hat die SPD und die Grünen stärker verändert, als sie es sich noch ein Jahr vor Regierungsantritt überhaupt vorstellen konnten. Hätte ein führender grüner oder auch sozialdemokratischer Politiker noch vor einiger Zeit behauptet, eine rot-grüne Regierung würde bei einem Krieg gegen Jugoslawien mitwirken – er wäre wohl für verrückt erklärt worden. Und auch der wäre für verrückt erklärt worden, der prophezeit hätte, daß eines Tages führende Unionspolitiker vor einer Ausweitung des Krieges warnen und zu mehr Souveränität gegenüber USA und Nato mahnen würden.

War Krieg? Natürlich war Krieg! Es war Krieg, auch wenn der CDU-Vorsitzende Wolfgang Schäuble das ebenso leugnete wie nicht wenige Regierungspolitiker. Es war Krieg, auch wenn die innenpolitische Debatte diesen Begriff zu vermeiden suchte. Es war Krieg, auch wenn die Motive, die dazu führten, noch so lauter sein mochten; auch wenn der Bundeskanzler, sein Verteidigungs- und sein Außenminister lieber von militärischen Aktionen oder von Gewaltanwendung durch die Nato sprachen. Es war Krieg, auch wenn die größte Koalition, die es in Deutschland seit 1949 gab, das per Definition anders sehen wollte. Es war Krieg – und nichts zeigte das deutlicher als die grausamen Irrtümer der Nato-Bomber, die nicht nur den militärischen Feind, sondern die Flüchtlinge aus dem Kosovo beschossen haben, die man vor diesem Feind beschützen wollte. Solche Irrtümer sind Kennzeichen und bitterer Bestandteil von Kriegen.

Es war Krieg, vom 24. März bis 10. Juni 1999. Deutschland hat, zusammen mit den Nato-Partnern, versucht, mit militärischen Mitteln den Schutz der Kosovo-Albaner vor den Serben zu erzwingen – und ist damit gescheitert. Das Nato-Bombardement wurde bei seinem Beginn mit der Hoffnung angekündigt, es könnten so die Menschen im Kosovo vor den Gewalttaten der Serben geschützt werden. Diese Hoffnung der Militärs verwandelte sich binnen einer Woche in Hoffnungslosigkeit. Die Bomber provozierten nämlich noch mehr Gewalt. Sie brachten also keine Hilfe, im Gegenteil: Die Bomber waren quasi die Marschmusik für den Massenexodus der Kosovaren nach Albanien und Mazedonien.

Mit Inbrunst und moralischer Leidenschaft haben der grüne Außenminister Joschka Fischer und SPD-Verteidigungsminister Rudolf Scharping diesen untauglichen Versuch immer wieder verteidigt und sich dabei zu Vergleichen verstiegen, mit der sie ihrer Politik der »humanitären Intervention« eher geschadet haben – sie haben, um das Bombardement nur ja gerechtfertigt erscheinen zu lassen, die Vertreibungspolitik des Slobodan Milosevic mit dem Holocaust und das Kosovo mit Auschwitz verglichen. Es war, als müßten sie so reden, um die eigenen inneren Zweifel an der Geeignetheit der Mittel zu töten.

Die Prophezeiungen, die Koalition werde am Kosovo-Krieg platzen, erfüllten sich nicht. Die SPD folgte ihrem Kanzler Schröder nicht nur, weil sie keine andere Wahl hatte; sie folgte ihm auch, weil er in den Kriegstagen eine staatsmännische Ernsthaftigkeit und Entschiedenheit zeigte, die man so an ihm bisher nicht gekannt hatte. Und auch die Grünen folgten ihrem Außenminister Fischer – zum Teil zögerlich, zum Teil mit großen Skrupeln. Beobachter hatten, sich an alte grüne Zeiten erinnernd, immer auf den großen Knall gewartet. Woher hätte ein Knall kommen sollen? Ein Knall ist das Ergebnis von Freisetzung von Energie. Er setzt also voraus, daß Energie da ist – Energie, die sich aus dem Protest gegen die offizielle Kriegspolitik bildet. Davon war nichts zu spüren. Jedenfalls nicht auf der mittleren und oberen Ebene der grünen Partei. Also hätte die Basis sowohl gegen die Fraktions- als auch gegen die Parteiführung revoltieren müssen; aber dafür reichte deren Kraft nicht.

Auf dem grünen Himmelfahrts-Parteitag haben die Delegierten also die Koalition nicht platzen lassen. Als der Krieg weiterging und die Morgennachrichten fast jeden Tag vermeldeten, die Nato-Angriffe seien in der vergangenen Nacht noch einmal verschärft worden, kam die rot-grüne Koalition gleichwohl in eine kritische Lage: Der Zustand in der SPD und in der grünen Partei nach zehn Wochen Krieg glich beinah dem in einem Dampfkessel. Nach außen war alles ruhig. Innen aber stieg der Druck – und die Explosionsgefahr wuchs. Den Partei- und Fraktionsführungen gelang es nur noch mit allerlei Winkelzügen, die kritische Phase hinauszuzögern. Die Bereitschaft der Sozialdemokraten und der Grünen sank, aus Gründen vermeintlicher Staats- und Parteiräson den sich täglich verschärfenden

Nato-Bombardements in Jugoslawien stumm und leidend zuzusehen, Kriegsbefürworter von gestern schwenkten um. Das Menschenrechts-Pathos des Verteidigungsministers wurde schal. Es hielt den Bildern des Leids, das die Nato-Raketen anrichteten, nicht stand; Bilder von Kindern, die von Nato-Splitterbomben zerrissen wurden, von zerstörten Sanatorien. Hätte es nicht die Hoffnung auf einen unmittelbar bevorstehenden diplomatischen Erfolg gegeben – bei den Fraktionssitzungen am 1. Juni 1999 hätten dem Kanzler die Fetzen um die Ohren fliegen können. Geradezu beschwörend warben Kanzler Schröder und sein Außenminister Fischer in ihren jeweiligen Fraktionen, doch noch ein wenig zu warten. Die Fraktionen haben sich gefügt. Das Einlenken, die Kapitulation von Jugoslawiens Staatschef Milosevic wenige Tage später, kam dann ebenso überraschend wie gerade noch rechtzeitig, bevor die Lage innenpolitisch außer Kontrolle geriet.

Der Pazifismus, das lernten die Pazifisten in diesen Monaten, ist auch in der grünen Partei nicht mehr mehrheitsfähig. Die Entfremdung zwischen den Pazifisten und den Grünen wurde weder durch den Grünen-Parteitag noch durch das Kriegsende im Kosovo beendet. Der Grünen-Parteitag bedeutete in diesem angespannten Verhältnis eine Art Besinnungspause. Nicht wenige Grüne haben sie zum Austritt aus der Partei genutzt – in der ersten Enttäuschung darüber, daß auch die grüne Partei sich selbst kastriert und, ähnlich wie neuerdings die SPD, sich vor allem als Regierungshilfeverein versteht.

Aber solches Selbstverständnis liegt auf der Linie der bisherigen Parteientwicklung. Die Grünen sind groß geworden, weil sie anders waren als die anderen; dann wollten sie größer werden, indem sie so werden wie die anderen. Jetzt sind sie in der Regierung – und wollen dort bleiben, indem sie so sind wie die anderen. Das Herz der Partei soll in dem Takt schlagen, den die von ihr mitgetragene Regierung vorgibt. Das ist bei der SPD so, das war bei der CDU so, und so soll es auch bei den Grünen sein – so hat es sich Joschka Fischer in seiner Parteitagsrede gewünscht: Der Chef kommt, baut das Metronom auf, stellt den Takt ein, und die Partei richtet sich danach. Der Versuch von Pazifisten und Ur-Grünen, ein »grünes Netzwerk« dagegen aufzubauen, scheiterte. Ein Teil der Initiative machte auf der Gründungsversammlung in Dortmund den kapitalen Fehler, dazu aufzufordern, bei der Europa-Wahl, der rot-grünen Kriegsbeteiligung wegen, nicht Grün zu wählen. Damit hatten sich die Netzwerk-Betreiber von vornherein diskreditiert. Wer die Partei bewahren will, sie aber augenscheinlich beschädigt, macht sich selbst von Anfang an unglaubwürdig.

Mit ihrem Regierungsantritt verloren SPD und Grüne mehr und mehr ihre Eignung als Gefäß für regierungskritische Bewegungen. Die radikalen Pazifisten, die Menschenrechts- und Asylgruppen, die Umweltschützer, die vielen kleinen Nichtregierungs-Organisationen von den Kritischen Polizistinnen und Polizisten bis hin zu den Ärztinnen und Ärzten gegen den Atomkrieg – sie alle leiden am Gefühl, ihre Heimat zu verlieren.

In den großen politischen Debatten der Republik, von der Wiederbewaffnung angefangen, waren es die Sozialdemokraten, später die Grünen, die den Protest organisierten und strukturierten und ihm auch parteipolitisch Gewicht gaben. Hätte eine CDU/CSU-geführte Bundesregierung den Kosovo-Krieg geführt, in Deutschland wäre der Teufel los gewesen – Massendemonstrationen, Lichterketten, Friedensmärsche. So aber beschränkte sich der organisierte Protest auf den Osten, wo die PDS ihr Terrain hat – die aber als die Partei mit der höchsten Ex-Generalsdichte, wenn es um den Frieden geht, wenig Glaubwürdigkeit beanspruchen kann. In den Familien und in den Feuilletons wurde mehr über den Krieg diskutiert und gestritten als auf der politischen Bühne, auf der die rot-grüne Regierung durch besondere militärische Entschlossenheit den internationalen politischen Tauglichkeitstest bei der Nato und den USA ablegen wollte.

Hätte der Krieg noch länger gedauert – es hätte durchaus eine Situation entstehen können wie während der Nachrüstungsdebatte zu Zeiten der sozialliberalen Koalition. Damals ließ der SPD-Kanzler Helmut Schmidt dem Protest gegen die Aufstellung der atomaren Mittelstreckenraketen in Deutschland keinen Raum in seiner Partei. Es kam zur Entfremdung der jungen SPD-Generation, die zu den Grünen abwanderte; und so wurden die Orte des Widerstands gegen diese Nachrüstung – Mutlangen, Hasselbach, Ramstein – auch zu Stationen der Grünen auf dem Weg zu einer maßgeblichen politischen Kraft. Die Diskussionsunfähigkeit der Schmidt-SPD, ihre Abschottung gegen die Protestierer, hat zu deren politischen Auswanderung geführt und dazu beigetragen, das Parteiensystem in Deutschland zu verändern. Ein solches Schicksal kann jetzt auch den Grünen blühen. Im Kosovo-Krieg war die Gefahr schon vorhanden.

Mit dem Ende des Kosovo-Krieges ist diese Gefahr weder bei der roten noch der grünen Partei beseitigt. Sie erwächst nämlich nicht nur aus der Außenpolitik der rot-grünen Regierung, sondern auch aus der Wirtschaftspolitik. Hätte die Regierung Kohl ihre Politik so plakativ mit neoliberalen Etiketten versehen, wie dies Gerhard Schröder und sein Wirtschaftsminister Werner Müller tun (auch hier also

Willfährigkeit, diesmal gegenüber den Wirtschaftsbossen) – SPD und Grüne hätten von einem Staatsstreich gesprochen: Der Kaufhof macht, so hätte es geheißen, die Wirtschaftspolitik und VW die Umweltpolitik. In solcher Kritik steckt, so zugespitzt sie ist, Wahrheit. Aber solche Wahrheit hat es schwer in rot-grünen Zeiten: In der SPD und in der grünen Partei äußert sie sich nur noch con sordino, also mit Dämpfer, weil man darauf aus ist, sich das Wohlwollen der Wirtschaftsklasse zu sichern. Die ökonomische Klasse: das sind die mächtigen Bosse, die Reichen, der Geldadel, die sich die Bälle zuschieben; und so viele mochten gerne mitspielen. Der Preis dafür wird bezahlt. Es ist die alte Geschichte, wie sie sich schon in den Märchenbüchern findet: Da verkauft einer, um reich und mächtig zu werden, seine Seele – und muß dann sehr listig sein, um sie zu retten.

Die rot-grüne Wirtschaftspolitik ist also gekennzeichnet von überschießender Innentendenz und befremdlicher Beflissenheit (wie die Außen- und Verteidigungspolitik auch). In der CDU/CSU beginnt sich die Kritik daran, die Kritik am Verlust des Sozialen in der sozialen Marktwirtschaft, erst allmählich von der aus Regierungszeiten gewohnten Nähe zur Wirtschaft zu befreien. Und die Gewerkschaften schließlich haben, wenn sie sich über unsoziale Politik beklagen, derzeit ein Glaubwürdigkeitsproblem, nachdem sie bisher die politische Vertretung ihrer Positionen der SPD überlassen hatten – der Vertreter namens SPD diese Position aber nicht mehr vertreten mag. Die Situation der Gewerkschaften gleicht der eines großen Warenproduzenten, der seine Produkte plötzlich nicht mehr in den Regalen findet, weil die Handelskette einen Deal mit der Konkurrenz gemacht hat; er muß also versuchen, sich anderweitig am Markt durchzusetzen oder seinen eigenen Vertrieb aufzubauen. Den Wohlfahrtsverbänden – gewohnt, im Zweifel bei der SPD Gehör zu finden – ergeht es ähnlich wie den Gewerkschaften.

Hätte der Handel zu Zeiten der Regierung Kohl unter Bruch der geltenden Gesetze seine Geschäfte am Sonntag geöffnet, wie dies im Sommer 1999 geschah – ein Aufschrei wäre die Antwort gewesen. Es wäre den Handels- und Kaufhausketten im Osten nicht gelungen, solchen Rechtsbruch als kundenfreundliches Entgegenkommen zu tarnen. Zu rot-grünen Zeiten geht das, weil diese Regierung hartes Durchgreifen scheut, um es sich mit der Wirtschaft nicht zu verscherzen. So kann diese all das erreichen, was sie schon immer haben wollte, aber zu Zeiten Kohls – auch der damals starken Opposition von SPD und Grünen wegen – nicht bekam.

Kurz gesagt: Etwas Besseres als Rot-Grün konnte der ökonomischen Klasse gar nicht passieren. Ihre Manager und Interessenvertreter dürfen das nur nicht laut sagen, sonst verlieren sie ihr Nötigungspotential der Regierung gegenüber.

Der Jugoslawien-Krieg hatte auszehrende Kraft – er zehrte an den Kräften der Regierung. Dieser Krieg hatte aber auch ablenkende Kraft – er lenkte davon ab, daß sich die politischen Projekte dieser Bundesregierung, soweit sie überhaupt noch betrieben wurden, im Klein-Klein verloren. Bestenfalls handelte es sich, etwa im Bereich Steuerreform, um Rokoko-Politik: Das Rokoko war bekanntlich weniger ein Bau- denn ein Dekorationsstil. Die Architektur wurde kulissenhaft, an die Stelle klarer Gliederungen traten niedere Formen der Baukunst, nämlich Voluten und Schnörkelchen aus Stuck. Die Malerei des Rokoko schließlich widmete sich mit Vorliebe der illusionistischen Deckenmalerei. Die Politik der Bundesregierung hat Ähnlichkeiten damit.

Die Katze hat bekanntlich sieben Leben, die Regierung Schröder offenbar auch. Die erste Chance hat sie grandios vertan. Die Spuren der Gesetzgebungsverfahren dieser Regierung nach den ersten Monaten sahen aus wie die Fährte eines Hasen auf der Flucht. Sie bestand aus Haken links und Haken rechts. Politik wurde so zur Aneinanderreihung von Klientelpolitik: Erst wurde auf dem Terrain A die Klientel 1 bedient, und dann erhielt auf dem Terrain B die Klientel 2 dafür Kompensation. Regierungskunst beschränkte sich auf furchtsames und eilfertiges Reagieren, auf Husten, Pfeifen, Murren und Drohen – sei es aus dem Arbeitnehmerlager wie bei der Steuerreform oder aus dem Arbeitgeberlager wie in der Regierungspolitik. Die zweite Chance bot sich, als Oskar Lafontaine von allen Ämtern zurücktrat: Man konnte nämlich so tun, als seien Pleiten, Pech und Pannen der ersten Regierungsmonate ihm anzulasten. Doch die neuen produzierten Gesetzentwürfe – 630-Mark-Gesetz, Scheinselbständigen-Gesetz – waren nur gut gemeint, aber schlecht gemacht. Und am innenpolitisch diffusen Erscheinungsbild dieser Regierung änderte sich nichts.

Chance drei dieser Regierung war, daß wegen des Kosovo-Krieges die Probleme der Innenpolitik vorübergehend als Peanuts erschienen. Nach Kriegsende tat und tut die Regierung so, als könnte sie jetzt endlich tun, was sie schon lang hätte tun wollen und woran sie bisher quasi durch höhere Mächte gehindert gewesen wäre: sich mit Kraft und Konzentration auf die Lösung der innenpolitischen Probleme zu werfen, nämlich: Arbeitslosigkeit, Atomausstieg, Steuerreform, Rentenreform.

Vielleicht hätte es keine Chance dafür gegeben, daß das jemand glaubt, wenn, ja wenn nicht Hans Eichel sie personifizieren würde. Ausgerechnet der Verlierer der Landtagswahlen in Hessen vom Februar 1999 wurde im Sommer 1999 zum großen Hoffnungsträger der SPD und der rotgrünen Bundesregierung. Finanzminister Hans Eichel, der Mann mit dem Fluidum eines Finanzamts-Vorstehers, ein Mann so ganz anders als Schröder, entwickelt Charisma, ein Charisma, das der SPD mehr helfen könnte als das des Kanzlers: Es ist das Charisma eines Obersparkommissars. Wenn es Eichel gelingt, zum Obersparkommissar die Adjektive »hart, aber gerecht« hinzuzufügen, dann hat er gewonnen. Und damit gewinnt die rot-grüne Koalition dann wieder eine neue Chance. Diese Chance steckt also ausgerechnet in dem Projekt, an dem die Regierung Kohl gescheitert ist – im Sparpaket. Es ist das erste innenpolitische Projekt der Regierung Schröder, das auf breiten Respekt und auf den Neid der CDU/CSU-Opposition stößt. Neid ist bekanntlich die aufrichtigste Form der Anerkennung.

Eichel, der neue Hoffnungsträger. Ob die Hoffnungen tragen oder trügen – das hängt davon ab, ob der Regierung Schröder gelingt, was der Regierung Kohl nicht gelungen ist: ausgewogen zu sparen oder jedenfalls den Eindruck zu erwecken, daß es beim Sparen fair zugeht. Bis es soweit ist, müssen sich die Deutschen mit einem Spruch des Malers Georges Braque zufriedengeben: »Kunst ist dazu da, um zu verwirren.« Gemessen an diesem Satz, kann man mit der Regierungskunst des Kabinetts von Gerhard Schröder nach einem Jahr durchaus zufrieden sein.

Das vorliegende Buch versucht, ausgehend von der Regierungserklärung des Kanzlers (Kapitel 2) den Regierungsstil Gerhard Schröders (Kapitel 3) sowie die sich anbahnende

Verwandlung der SPD (Kapitel 4) zu beschreiben – und die Frage zu beantworten, welche Folgen das nicht nur für die SPD und die rot-grüne Koalition, sondern für das politische Gefüge überhaupt hat.

Die Metamorphose der Grünen ist, jedenfalls in Teilbereichen, atemberaubend – aber kein historisches Novum: Im vorigen Jahrhundert ist Vergleichbares passiert, als die Burschenschaften von einer revolutionär-fortschrittlichen Bewegung zum Juniorpartner des Establishments wurden. Diese Entfärbung der grünen Partei beobachtet Kapitel 5. Welchen Einfluß die deutsche Beteiligung am Kosovo-Krieg bei alledem hatte, untersucht Kapitel 6. Mit einem Pluspunkt der rot-grünen Regierung befaßt sich schließlich Kapitel 7: der Reform des Staatsbürgerrechts. Die weiteren Aussichten (Kapitel 8): zunehmend bewölkt.

Ein Jahr Rot-Grün: Jetzt geht es aufwärts, sagt der Kanzler. Jetzt geht es aufwärts, beteuert die grüne Partei. Es geht aufwärts – das hat auch der Frosch gesagt, als der Storch ihn schnappte und mit ihm auf- und davonflog.

Kapitel 2

Die Regierungserklärung: Kostprobe des großen Kommunikators

Ein Visionär ist er nicht. Hatte das jemand erwartet? Seine Regierungserklärung vom 10. November 1998 war kein Manifest des großen Neubeginns. Etwas anderes wäre aber ein Wunder gewesen. Am Redepult stand keine Symbolfigur politischer Erneuerung. Auch das wußte man vorher. Gerhard Schröder ist keiner, der die Demokratie neu definieren kann oder will. Hätte er das versucht, man hätte es ihm nicht abgekauft. Da stand also ein neuer Kanzler mit robustem Ehrgeiz und ausgeprägtem Machtinstinkt, einer, dem die Gabe Willy Brandts, politische Träume zu formulieren, komplett fehlt.

Schröder aber hat, und das hat er gezeigt, andere Gaben. Er ist ein großer Kommunikator. Er hat das Zeug, an den Parteien vorbei die Menschen anzusprechen, er ist einer, der den Konsens mit allen Gruppen der Bevölkerung sucht und sich dabei ziemlich geschickt anstellt; er versteht es, sympathisch, kraftvoll und verständlich zu erscheinen. Seine Regierungserklärung war eine beachtliche Kostprobe dieser Fähigkeit. Sicher, Schröder hat sich in seiner Regierungserklärung viel zu oft verhaspelt, als daß man ihm seine betonte Lockerheit abgenommen hätte. Doch die Häufigkeit seiner Versprecher mochte die Christdemokraten nur davon abgelenkt haben, was ihr Partei- und Fraktionschef Wolfgang

Schäuble ahnte: Dieser neue Kanzler kann gefährlich sein für die CDU und ihre Chancen, den Weg zurück zur Macht zu finden – gefährlicher vielleicht, als Willy Brandt es je für sie war.

Schäubles Gefühl erklärte seine rhetorische Kanonade im Anschluß an die Regierungserklärung des Kanzlers: Schäuble schoß aus allen Rohren und mit allen Kalibern. Er war belustigt und entrüstet, aufgeräumt und erzürnt, fidel und rabiat, zuckersüß und gallenbitter. Dieser Kanzler Gerhard Schröder ist nämlich ein harter Brocken für die Opposition. Er hat keine hochfliegenden Pläne, aber er besetzt das Terrain, das die Union als ihr ureigenes betrachtet. Er okkupiert die politische Mitte und macht daraus die »neue Mitte«. Er raubt der Union mit einer Chuzpe sondergleichen, einen Begriff, den sie erfunden und einst zu ihrem Markenzeichen gemacht hat: die soziale Marktwirtschaft.

Schröder versuchte in den ersten Monaten seiner Kanzlerschaft den Eindruck zu erwecken, als wäre die soziale Marktwirtschaft von der Union verraten und verkauft worden und als müßte sie nun von ihm, Schröder, und der »neuen Mitte« als »moderne soziale Marktwirtschaft« neu installiert werden. Ab Frühsommer 1999, mit Vorstellung des sogenannten Sparpakets, kam eine neue Komponente hinzu: Schröder versucht, eine rigide Sparpolitik als Kennzeichen einer modernen Politik zu verkaufen und die Union, die sich rechts überholt sieht, als traditionalistisch und antiquiert aussehen zu lassen. Eine plausible Definition dessen, was »neue Mitte« sein soll, gelingt Schröder freilich nicht; er tritt schlicht mit dem Anspruch an: Sie ist da, wo ich bin.

Die erste Regierungserklärung Helmut Kohls, das war 1982, war der öffentlichen Lächerlichkeit preisgegeben worden. Die Feuilletonisten beschimpften Schröders Vorgänger als »sprachlosen Schwätzer«, als einen, der von einem sprachlichen Fertigbauteil zum anderen stolpere. Kohls Kritiker haben von rhetorischen auf politische Schwächen geschlossen – und sich damit zutiefst getäuscht. Schröder hat rhetorisch souveräner begonnen als damals Kohl. Inhaltlich war die Regierungserklärung keine große Nummer. Er hat die künftigen Wohltaten angepriesen, aber nicht gesagt, wie er sie finanzieren will. Daß es ohne »Blut, Schweiß und Tränen« abgehen soll, hat er den Deutschen versprochen. Womit dann?

Er hat sich an die Ruck-Rede von Bundespräsident Herzog angeschlossen, ihr aber einen positiven Dreh gegeben: Schröder lamentierte nicht über Stagnation, die er auf die alte Regierung abschiebt, er appellierte lieber an die »schöpferischen Kräfte der Menschen in Deutschland« und versprach, »sie zur Entfaltung zu bringen«. Das war eher politische Psychologie als politische Aussage. Bezeichnend für die Schrödersche Nebulosität war das innenpolitische Programm der Regierungserklärung, das auf den Satz zusammenschnurrte: »Hart gegen das Verbrechen, aber auch Härte gegen seine Ursachen.« Für solche Unverbindlichkeit muß sich die grüne Partei, die sich ja als Rechtsstaatspartei verstehen will, genieren.

Wichtiger als klare Aussagen sind Schröder die Zeichen, mit denen er die politische Landschaft markiert. In seiner Regierungserklärung machte er sich den Begriff der »Berliner Republik« zu eigen und erteilte ihm die Kanzlerweihe. Das Reden von einer neuen Republik ist zwar töricht bis gefährlich, weil damit so getan wird, als verabschiedete man sich von den bisherigen demokratischen und rechtsstaatlichen Standards der Bonner Republik, als wäre der Umzug gar ein Staatsgründungsakt; aber Schröder geht dieses Risiko ein, weil er auch diesen Begriff besetzen will: als Synonym für seine »neue Mitte«. Je unklarer eine Politik, desto mehr Namen braucht man dafür. Hohle Worte klingen voller.

Glänzende Augen, alte Zeiten

Viele Sozialdemokraten und viele Grüne erinnerten sich 1998 mit glänzenden Augen an 1969, als alles viel bewegender gewesen wäre als diesmal. Damals, als mit Kanzler Willy Brandt der erste Sozialdemokrat Bundeskanzler wurde, war der Machtwechsel in der Tat gewaltiger gewesen – er war aber auch begleitet von gewaltiger Angst. Damals war es ein Machtwechsel, der die Bevölkerung spaltete; und Willy Brandt hat sich immer wieder Mut zusprechen müssen, ihn mit der FDP zu wagen. Brandt war geprägt von großen Vorbildern und Visionen. Schröder hat keine hochfliegenden Tagträume. Aber schon der zweite SPD-Kanzler, Helmut Schmidt, hatte sie nicht. Und so trat der dritte Mann der Sozialdemokraten in Bonn an wie der zweite: nicht als Symbolfigur für die Einheit von Macht und Geist, sondern als Personifikation politischer Pragmatik.

Blick zurück: Auch der Machtwechsel von 1982, der von Helmut Schmidt (SPD) zu Helmut Kohl (CDU), war ganz anders gewesen als der von 1998. Damals, als Kohl die Macht übernahm, weil die FDP von der Seite der SPD wieder auf die Seite der Union wechselte, war Bonn ein

Tollhaus und das Parlament ein Schlachtfeld. Die Parteien standen sich gegenüber wie feindliche Armeen, und überall waren Mißtrauen und Feindschaft. Die Atmosphäre im Hohen Haus war vergiftet, und das Gift fraß sich über Jahre fest. Es waren dramatische Monate; sie waren eine Bewährungsprobe für die Demokratie. Verklären muß man sie nicht; Machtwechsel, die mit Zittern, Zagen, Wut und Verzweiflung einhergehen, sind aufregend, aber nicht aufbauend.

Als Einschnitte in der Geschichte der Republik waren die Machtwechsel von 1969 und 1982 viel spürbarer gewesen als der von 1998. Soll man darüber klagen, daß es diesmal so moderat zuging? Der Wähler hat Bundeskanzler Gerhard Schröder mit einer klaren und stabilen Mehrheit ausgestattet. Die SPD hat bei der Bundestagswahl 1,6 Millionen Stimmen von bisherigen Unionswählern erhalten. Diese Stimmen ersparten 1998 der SPD das Fegefeuer der großen Koalition, die Brandt damals, 1966, erst einmal hatte durchstehen müssen, um dann Kanzler zu werden; gar nicht wenige Sozialdemokraten hätten sich 1998 sogar gern in die große Koalition mit der Union begeben – diesmal als stärkste Partei, die den Kanzler stellt. Doch die Niederlage der CDU war zu vernichtend, die Erwartungen der Wählerschaft klar auf Rot-Grün gerichtet. Die Wählerinnen und Wähler waren mutiger gewesen, als man geglaubt hatte – so mutig, wie dann nachher, bei der Regierungsbildung, die Sozialdemokraten gar nicht unbedingt sein wollten.

In der historischen Wahlnacht vom 27./28. September 1998 kam einem ein Bild aus dem Geschichtsbuch in den Sinn: die Karikatur von John Teniel aus dem britischen Satireblatt *Punch* vom März 1890. Da steigt der alte Reichskanzler Bismarck müde und enttäuscht die Trittleiter des Schiffes hinunter, hält sich mit der rechten Hand am wackeligen Geländer fest und stützt sich mit der linken an der Außenmauer des Schiffes ab. Und darunter stehen die berühmten Worte: Der Lotse verläßt das Schiff. Oben an der Reling aber lehnte diesmal nicht, wie in der Karikatur aus dem letzten Jahrhundert, ein junger Kaiser Wilhelm II., dünkelhaft, hochnäsig und arrogant – oben stand selbstbewußt der demokratische Souverän, der deutsche Wähler, der zum erstenmal in der Geschichte der Bundesrepublik eine Regierung, einen Kanzler abgewählt und sich diese Entscheidung nicht leicht gemacht hatte. Er hat sie nach langem Zaudern, aber dann glasklar getroffen. Für Kohl galt am Ende das, was der Bismarck-Biograph Edward Crankshaw über den Reichskanzler geschrieben hat: »Seine Innenpolitik war seit Jahren gescheitert. Ihr einziger Erfolg war, daß er selbst die Macht in den Händen behielt.« Auch damit war es nun zu Ende. Helmut Kohl hatte die Macht so lange behalten können, weil seine Handhabung der Macht etwas Beruhigendes, ja etwas Banales hatte. Dieses Kunststück wird kaum ein Nachfolger wiederholen können.

Wo bleibt die große Linie? Exkurs über die Regierungserklärung als politische Gattung

Regierungserklärungen werden hierzulande wie Evangelien angekündigt, und das Publikum wird darauf eingestimmt, den Propheten eines neuen Zeitalters zu hören. Allenfalls noch in Liebesbeziehungen gibt es so oft und so regelmäßig enttäuschte und dann doch wieder neue Erwartungen wie bei Regierungserklärungen: Bei ihrer ersten Rede sind die Kanzler selten so, wie sie angeblich sein sollen: Sie sind zu karg, zu lapidar, zu geschäftsmäßig (Adenauer), sie sind solid und handfest, aber angeblich gar nicht brillant (Brandt), zu buchhalterisch (Schmidt), zu bieder, tapsig und verquollen (Kohl). Bei Gerhard Schröder war es nicht anders. Keiner ist ein Cicero, keiner redet wie Napoleon am Fuß der Pyramiden, keiner schleudert, wie ein Moses, dem Bundestag die Gesetzestafeln vor die Füße. Aber etwas von dieser Art wird immer wieder erwartet.

Die Regierungserklärung des neuen Kanzlers war fast etwas matt und geschäftsmäßig: »Es war eine Aufstellung von inzwischen nicht mehr unbekannten Programmpunkten. Es fehlten die eigentlichen Höhepunkte, es kam einem alles ziemlich bekannt vor.« Diese Sätze stammen nicht aus einem Leitartikel zur Regierungserklärung von Gerhard Schröder; sie sind fünfzig Jahre alt, sie standen in dem Kommentar der *Süddeutschen Zeitung* vom 21. September 1949 über die erste Regierungserklärung von Konrad Adenauer. »Wer von dieser Regierungserklärung reformerische Sphärenklänge erwartet haben sollte, der wird vielleicht enttäuscht gewesen sein ... glanzvoll war sie bestimmt nicht. Im Dickicht der Details und in der Aufzählung auch zweitrangiger Fragen ging das Bemühen oft unter, die große Linie der neuen Politik sichtbar zu machen.« Auch dieses Urteil der *Badischen Zeitung* gilt nicht Gerhard Schröder, sondern der heute so gerühmten Antrittsrede von Willy Brandt nach dem spektakulären Machtwechsel im Jahr 1969. Die *Süddeutsche Zeitung* gab ihrem Leitartikel zu dieser Regierungserklärung, die heute als Signal des großen Aufbruchs gilt, einen bescheidenen Titel: »Mit Vorsicht voran«, heißt es da.

Ohne größere Schwierigkeiten läßt sich ein Kommentar zu jeder künftigen ersten Regierungserklärung aus dem Archiv über die alten Regierungserklärungen schreiben. Kiste Adenauer: »Keine Spannung im Raum« (*Telegraf Berlin*, 1953). Kiste Kiesinger: »Wer in der Regierungserklärung etwa nach den Mitteln sucht, die angewendet werden sollen, um das Milliardenloch dieses Etats und der künftigen Haushalte zu stopfen, der wird keine präzise Antwort finden« (*Stuttgarter Zeitung*, 1966). Kiste Schmidt: »Von einer Blut-, Schweiß- und Tränenrede kann nicht die Rede sein« (*Süddeutsche Zeitung*, 1974), »Kanzler ohne Visionen« (*Abendzeitung*, 1974). Aus der Kiste Kohl: »Das mag noch für den nächsten Wahlkampf reichen, gewiß nicht für eine erfolgreiche Regierung, schon gar nicht für geistige Führung« (*Die Zeit*, 1983).

Das Publikum erwartet jeweils eine Rede, in der es den Atem der Zeit spürt, die also die knisternde Hochspannung rechtfertigt. Wenn der Redner dann anders atmet, ist das Publikum enttäuscht, weil, wie es dann heißt, die Rede die Geschichte oder wenigstens den Zustand der Republik hätte widerspiegeln sollen. Das Publikum hat von der Gegenwart offenbar stets ein anderes Bild als das, das in der Rede zum Ausdruck kommt – und erst später, im Licht späterer Erkenntnis, gewahren die Zeithistoriker eine Bedeutung in der Regierungserklärung, die den Zeitgenossen nicht aufgegangen war. Das markanteste Beispiel für die Diskrepanz zwischen aktueller Bewertung und späterer Rezeption ist die Regierungserklärung Willy Brandts von 1969 nach dem ersten großen, stürmisch gefeierten und bitter beklagten Machtwechsel in der Bundesrepublik. Vor und nach der Regierungserklärung Gerhard Schröders gab es kaum einen Kommentator, der nicht beinahe andächtig auf dieses rhetorische Denkmal verwiesen hätte. In der von Karl Dietrich Bracher herausgegebenen fünfbändigen deutschen Geschichte sinkt Wolfgang Jäger (»Die Innenpolitik der sozialliberalen Koalition 1969–1974«) vor dieser Brandtschen Regierungserklärung fast auf die Knie: »Es war die anspruchsvollste und hochfliegendste Regierungserklärung in der Geschichte der Bundesrepublik.« Brandts Regierungserklärung von 1969 wird als Manifest des Neubeginns gewertet, als Aufbruch zu neuen Ufern und Grenzen. Einzelnen Wörtern daraus sind in der Tat Flügel gewachsen – »mehr Demokratie wagen«, die »Fähigkeit zum Wandel« und auch der Spruch, mit dem Brandt auf Kiesingers »Bundeswehr als Schule der Nation« geantwortet hat: »Die Schule der Nation ist die Schule.« Willy Brandts Satz »Wir stehen nicht am Ende unserer Demokratie, sondern wir fangen erst richtig an« wird heute zitiert als Fanal einer neuen Zeit.

Damals jedoch hat dieses Fanal kaum einer gehört. »Progressive Trompetenstöße und dramatische Überraschungseffekte sind ausgeblieben«, befand seinerzeit die *Saarbrücker Zeitung*. »Eine scharfe Zäsur zur Ära der CDU-Bundeskanzler wird vermieden«, schrieb die *Süddeutsche Zeitung*. »Alles in allem ein schwungvoller Anlauf zur großzügigen Fortentwicklung breitgefächerter Ressortarbeit«, konstatierte die *Rhein-Neckar-Zeitung* und stellte viel Kontinuität zur Regierung Kiesinger fest: Das angekündigte Reformwerk (Bildungsreform, Strafrechtsreform, Arbeitsgesetzbuch und Gesundheitsfürsorge) habe in wesentlichen Teilen bereits »zur langfristigen Zukunftsplanung der Regierung Kiesinger gehört«. Die *Augsburger Allgemeine* empfahl daher, auf die »Nuancen« zu achten. Und der Berliner *Tagesspiegel* suchte mit einigem schreiberischen Aufwand das

»politische Schlüsselwort« der Regierungserklärung; keines der jetzt berühmten Zitate war dabei.

Die Apotheose der ersten Brandtschen Regierungserklärung begann erst, als Helmut Kohl seine erste Regierungserklärung gehalten hatte und die Feuilletonisten Kübel voller Hohn und Spott darüber ausschütteten, so daß Kohl dastand wie ein Provinzdepp. Die ausländischen Zeitungen ließen sich von diesem Mobbing durchaus beeindrucken und nannten Helmut Kohl den »Übergangs-Kanzler« (*Il Tempo*, Rom, 1982). Der Übergang dauerte bekanntlich sechzehn Jahre. Das deutet darauf hin, daß eine schlechte oder zumindest schlecht aufgenommene Regierungserklärung noch lange kein schlechtes Omen für die Regierungszeit eines Kanzlers sein muß.

Der umgekehrte Fall ist so gut wie erwiesen. Regierungserklärungen, die als rhetorische Sternstunden gepriesen werden, indizieren eine weit weniger beachtliche Regierungsleistung. Als Ludwig Erhard 1963 seine erste Regierungserklärung vortrug (sie dauerte zwei Stunden und war die längste, die es bisher gab), überschlug sich die Öffentlichkeit vor Lob und Anerkennung. Erhards Rede wies nicht wenige Gedanken auf, die sich 35 Jahre später in der Antrittsrede von Gerhard Schröder wiederfanden: Erhard sprach von der »Politik der Mitte«, er appellierte an die Energie seines Volkes, an den produktiven Elan der Deutschen, an den Leistungswillen, der Deutschland gerettet habe und der für alle Zukunft wachbleiben müsse. Und schon die Regierung Erhard betrachtete es als ihre Pflicht, den Kontakt zu Intellektuellen und Künstlern zu suchen und zu vertiefen. Die Redenschreiber Schröders müssen diese Rede sehr genau studiert haben – Schröders Regierungserklärung von 1998 liest sich passagenweise wie eine Neuauflage.

Die Euphorie von 1963 freilich stellte sich 1998 nicht ein – Gott sei Dank, mag Schröder angesichts des unrühmlichen Endes der Kanzlerschaft Erhard sagen. Von einem »neuen Ton« und einem »vielversprechenden Anfang« schrieb damals die *Stuttgarter Zeitung* und kam zum Fazit, daß Erhard nach dieser Erklärung »uneingeschränktes Vertrauen verdient«. »Die Worte waren gut«, lobte die *Frankfurter Rundschau*, während die *NRZ* die neue »Offenherzigkeit und Klarheit« pries und die *Rheinische Post* ankündigte, daß sich »noch vorhandene Zweifel an Erhards Führungsqualitäten schnell zerstreuen« würden. Die *Süddeutsche* kommentierte mit Respekt und Erstaunen, daß die Regierungserklärung Ludwig Erhards in etlichen Passagen »den Eindruck erweckt, eher für die nächsten vierzehn Jahre einer neuen Ära als für die restlichen zwei Jahre einer wenig rühmenswerten Legislaturperiode bestimmt zu sein«.

Die vierzehn dauerten nur vier Jahre, der Erfolg Erhards als Vater des deutschen Wirtschaftswunders wiederholte sich nicht, seine Kanzlerschaft war glücklos, der Regierungschef Erhard regierte nicht. Er blieb als Kanzler ein Epigone Adenauers, und seine Zeit ging klanglos zu Ende. Es folgte Kurt Georg Kiesinger, genannt »Silberzunge« – und es gab neue Elogen auf seine Regierungserklärung: »Sie verschweigt und beschönigt nichts, ist zielstrebig und zukunftsbetont, mutig und ehrlich, aus einem Guß«, so Jens Feddersen in der *NRZ*.

Herbert Wehner hatte dem Kanzler der Großen Koalition geraten: »Hängen Sie nicht zu viele Kringel an den Weihnachtsbaum«, und Kiesinger hatte sich daran gehalten. Karl Hermann Flach lobte in der *Frankfurter Rundschau* Kiesinger als einen geschickten Mann, der einen »wohltuenden politischen Stil« pflege, und nannte den »Verzicht auf schwülstige Phrasen und pathetische Beschwörungen ... befreiend«. Kiesinger hat im übrigen damals (wie Lafontaine 35 Jahre später und dafür heftig beschimpft) die Bundesbank aufgefordert, »die Bremsen zu lockern«. Und die *Frankfurter Allgemeine* war dankbar für einen »warmen Ton, der glaubhaft klingt. Das war ein guter Anfang.« Summa summarum der *Kölner Stadtanzeiger* zu Kiesinger: »Eine kürzere, bessere und sachlichere Regierungserklärung hat dieser Bundestag bisher noch nicht gehört.« Der Lohn der Geschichte dafür war nicht üppig: Drei Jahre später endete die Kanzlerschaft des Kurt Georg Kiesinger. Seine damals so gerühmte Regierungserklärung wird nirgendwo mehr erwähnt. Von der verpatzten »geistig-moralischen Wende« des Helmut Kohl aus dem Jahr 1982 dagegen spricht man fast soviel wie von der später geadelten Rede Willy Brandts von 1969.

Regierungserklärungen können also so gut oder schlecht sein, wie sie wollen – sie teilen in der Nachbetrachtung das Schicksal und die Bewertung der Amtszeit dessen, der sie vorgetragen hat. Und eines ist noch eindrucksvoller als selbst eine eindrucksvolle Regierungserkärung: Wie darin die immergleichen innenpolitischen Themen und die Rezepte zu ihrer Bewältigung wiederkehren – Wachstum, Beschäftigung, Stabilität. Politiker kommen, reden und gehen. Die Probleme bleiben.

Kapitel 3

Der neue Regierungsstil: Wie es Euch gefällt

Regierungen sind die Segel, das Volk ist der Wind, der Staat das Schiff und die Zeit das Meer. Wenn man sich nach den ersten Wochen und Monaten der rot-grünen Regierung an dieses Bild des Schriftstellers Ludwig Börne erinnerte, dann war es wohl so: Die Brise vom Wahlsonntag war ziemlich frisch – und die erste Tätigkeit der sich neu formierenden Besatzung war es, Tuch einzuholen. Die Grünen wären gern unter Vollzeug gesegelt, um möglichst schnell möglichst weit in neue Gewässer zu kommen. Den Sozialdemokraten aber schien volle Fahrt zu schnell und zu riskant. Und so entwickelten sich die Koalitionsverhandlungen zu einem bisweilen erbitterten Gerangel zwischen einer beherzten, aber kleinen Crew und einer eher dickleibigen, aber großen Truppe darüber, ob und wie viele Segel man reffen oder ganz einholen soll.

Eine Schiffsbesatzung ist, der Gefahren der Seefahrt wegen, streng gegliedert. Oben steht der Kapitän als der Führer des Schiffes und Inhaber der Schiffsgewalt, darunter die Offiziere, die wie der Kapitän eines Befähigungsnachweises bedürfen, schließlich die Mannschaft. Die Anmusterung und Einteilung der Mannschaft gestaltete sich nicht zuletzt deswegen schwierig, weil drei Kapitäne an Bord gegangen waren: Gerhard Schröder, Oskar Lafontaine und Rudolf

Scharping. Nach zwei Wochen und allerlei Brutalitäten auf Deck waren es nur noch zwei, und auch zwischen diesen zwei verbleibenden, Schröder und Lafontaine, knisterte es vernehmlich. Lafontaine mochte sich für den besseren und den eigentlichen Kapitän halten, de jure und de facto war und ist es Gerhard Schröder. Schröder war und ist keiner, der es zuläßt, daß die Schiffsbesetzungsordnung neu geschrieben wird.

»Majorität schafft Autorität«, hat der große, 1999 verstorbene Politikwissenschaftler Theodor Eschenburg zu Adenauers Zeiten geschrieben. Daran glaubt wohl auch Gerhard Schröder. Aber der Satz ist falsch. Die Verfallszeit einer Autorität, die sich auf nichts anderes stützen kann als auf eine Mehrheit im Parlament, bemißt sich nach Monaten. Die Regierung Schröder ist der Beweis. Sie hat nach wie vor die Mehrheit, aber ihre Autorität ist schwach. Ihr fehlt die Fähigkeit, die Zustimmung anderer zu gewinnen, ihr fehlt die Kraft, für die Koalitionsprojekte zu werben. Beim Sparpaket des Finanzministers Hans Eichel könnte es vielleicht zum erstenmal anders sein.

Schröder bürstet Minister öffentlich ab, Schröder schlägt auf den Tisch. Wer sich so benimmt, der hat Autorität eingebüßt und fühlt es auch – versucht aber, es durch auftrumpfendes Gehabe zu verbergen. Tatsächlich aber schadet sich der Kanzler selbst. Die Wirtschaftsführer spüren sehr gut, was dieses halbstarke Gehabe ist: technische Fehler plus Orientierungslosigkeit, also Schwäche. Und deshalb trumpfen sie auf, so wie sie es bei den Energiekonsensgesprächen immer wieder getan haben, sie vertreten ihre Interessen (wer mag es ihnen verdenken, wenn sie ihre Chance nutzen?) mit kaltschnäuziger Unverfrorenheit. Und was tut der Kanzler?

Er knickt ein, er wird kleinlaut und tobt seine schlechte Laune dann im Kabinett aus: Dort bläst er sich auf und gibt den Anpfiff weiter.

Der Kanzler der Gefälligkeit

Beispiel Altauto-Verordnung: Ende Juni 1999 hat es Bundeskanzler Schröder zum europäischen Eklat kommen lassen, und auf das Drängen von VW-Chef Piëch hin hat Schröder die mit den anderen EU-Mitgliedsländern längst ausgehandelte Altauto-Richtlinie zunächst einmal demonstrativ scheitern und sich dann später überstimmen lassen. Schröder hat sich nicht gescheut, seine Pflichten als EU-Ratsvorsitzender zu vergessen, um vermeintliche Freundespflichten als Förderer der Automobilindustrie an ihre Stelle zu setzen – und er nötigte seinen grünen Umweltminister Jürgen Trittin, dieses unwürdige Spiel mitzumachen. Damit hat Schröder der Automobilindustrie einen Gefallen getan, sich selbst aber nicht. Er hat sich als Lobbyist, ja als Kanzler der Gefälligkeit geriert – und damit den Anspruch seiner neuen Innen- und Sparpolitik diskreditiert, Zumutungen gleichmäßig und gerecht zu verteilen. Sicherlich: Die von Schröder zunächst vereitelte Verpflichtung der Industrie, ihre Schrottautos zurücknehmen zu müssen, hat mit dem Sparpaket an sich nichts zu tun. Aber der Eindruck, den solche Schmeichelei erweckt, ist verheerend: Wenn der Kanzler sich von potenten Freunden so in die Ohren blasen läßt, dann wird er als Sachwalter der Gemeininteressen, als Kanzler des gerechten Ausgleichs, nicht mehr ernst genommen.

Dem Kanzler hilft seine Richtlinienkompetenz wenig, weil er keine Richtlinien hat. Es ist unklar, ob und wann Schröder wirklich aus der Atomkraft aussteigen will; man weiß nicht, welche konkreten Ziele das Bündnis für Arbeit noch erreichen kann. Schröders Kunst besteht darin, schöne Rahmen zu malen; für die Bilder fehlen ihm die Ideen. Seine Truppe leidet nicht an der Absenz von Machern, sondern am Fehlen von Denkern. Sie leidet daran, daß die Macher nicht wissen, was sie machen sollen; Eichels Sparpaket ist die erste Ausnahme. Schröders Projekt lautet »Regieren« und sein nächstes Projekt »Weiterregieren«. Dies ist auch der Grund dafür, warum die netten Auftritte des Kanzlers in Fernsehshows auf viel Kritik stoßen. Nicht wenige Leute haben das Gefühl, Schröder solle doch zuerst seine Hausaufgaben machen. Sie spüren die Diskrepanz zwischen der Omnipräsenz des Kanzlers in den Medien und seiner geistigen Abwesenheit beim Regieren. Auch deshalb verdorren oder verkümmern die Koalitionsprojekte den Koalitionären unter der Hand: Das gilt für das Bündnis für Arbeit, das gilt für den Ausstieg aus der Kernenergie, das gilt für die Steuerreform und auch für die Reform des Staatsbürgerschaftsrechts. Von dieser großen Reform blieb nur ein Reförmchen übrig. Das ist besser als nichts, aber es ist ziemlich wenig. Dem Kanzler, so scheint es, ist das egal.

Der Denkzettel

Die Europa-Wahl vom 13. Juni 1999 war ein Denkzettel sondergleichen für Sozialdemokraten wie für Grüne. Das Wort Denkzettel hat ja heute einen harmlosen und leicht humoristischen Klang. Ursprünglich war der Denkzettel eine ernste Angelegenheit: Peinliche Gerichtsvorladungen hießen so; und an den Jesuitenschulen wurde Schülern, die sich vergangen hatten, so ein Zettel ausgefertigt – auf dem der Fehler bezeichnet war und den der Schüler stets bei sich tragen mußte. Ihn erwarteten handgreifliche Ermahnungen und Prügelstrafen. Die Europa-Wahl war eine Denkzettel-Wahl im ursprünglichsten Sinn des Wortes. Die Bonner Regierungsparteien, zuvorderst die SPD, wurden unbarmherzig abgestraft; und man kann davon ausgehen, daß ohne den kurz zuvor erreichten Kosovo-Frieden die Abstrafung, vor allem der grünen Partei, noch schärfer ausgefallen wäre. Für die Grünen war die Niederlage zartbitter, ja fast noch süß, weil sie eigentlich ein viel schlechteres Ergebnis befürchtet hatten; sie konnten fast zufrieden sein. Für die Sozialdemokraten war das Ergebnis verheerend; sie blieben noch unter dem Katastrophen-Wahlergebnis von 1994. Der PDS gelang der Einzug ins Europa-Parlament, der sich bei der letzten Europa-Wahl schon angekündigt hatte; die deutsche, von der Regierung Schröder verantwortete Beteiligung am Kosovo-Krieg hat die Wähler im Osten in Scharen von der SPD zur PDS getrieben.

Und die Union? Nicht einmal neun Monate nach ihrer Niederlage bei der Bundestagswahl stand sie mit einem Votum da, das sie in ihren kühnsten Träumen nicht erwarten konnte. Der Eindruck der Hessen-Wahl verfestigt sich: Die Union kann (und wie sich zeigte, nicht nur mit dem Thema der doppelten Staatsbürgerschaft) ihre Klientel mobilisieren, der SPD gelingt das nicht; ihre Anhängerschaft ist enttäuscht, demotiviert, demoralisiert. Das Sieger-Image von Gerhard Schröder ist dahin; das Wort »Macher«, mit dem die SPD protzte, hat nach wenigen Regierungsmonaten einen schon beinah lächerlichen Klang bekommen – das Ergebnis der Europa-Wahl war die Quittung.

Die Union hat bei der Europa-Wahl ihre Fahne wieder auf dem Terrain eingesteckt, das die SPD gewonnen zu haben glaubte. In der »neuen Mitte« zog wieder die alte Mitte ein und gewann zugleich mehr Boden, als sie jemals hatte. Die Union hat bei der Europa-Wahl vom Juni 1999 nicht nur gesiegt, sie wurde vom Wähler glorifiziert. Die CSU erreichte in Bayern Werte, die schon fast als Himmelfahrt des Edmund Stoiber gelten können; in München läuteten am Wahlabend, welch schöner Zufall, eine Stunde lang die Kirchenglocken. (Schon seit längerem, so beteuerte der Dompfarrer, sei ein Glockenkonzert anberaumt gewesen.) Wie es auch sei: Das Wahlergebnis zeigt an, daß viele Schröder-Wähler vom Oktober 98 ziemlich schnell von der Reue gepackt worden sind. Reue, so mag Wolfgang Schäuble jetzt sagen, sei der Verstand, der zu spät komme. So ist es aber nicht.

Die neue Glorie der CDU/CSU ist mitnichten deren eigenes Verdienst, sondern fremde Schuld; wenn der CDU/CSU politisch etwas gelungen ist, dann dies: Sie hat es geschafft, den Wählern etwa beim 630-Mark-Gesetz der Bundesregierung glauben zu machen, die SPD wolle ihnen den Nebenjob wegnehmen. Ansonsten haben Schäuble & Co. nicht zeigen können, was sie besser machen und wie sie das anstellen wollen; sie haben lediglich angekündigt, die rot-grünen Gesetze wieder rückgängig zu machen – so wie dies Rot-Grün mit den Gesetzen der Regierung Kohl gemacht hat. Wenn das so Usus wird, dann ist das eher Ringelpiez als Politik.

Hans Eichel, der Medizinmann der Koalition

Als die SPD vom Ergebnis der Europa-Wahl getroffen wurde, hatte sie den Lafontaine-Schock noch in den Knochen. Auf die Moral der Partei hat ein solcher Totalausstieg furchtbare Wirkung; das widerspiegelte sich im Europa-Wahlergebnis, das wird sich auch noch in den Ergebnissen nachfolgender Wahlen zeigen.

Als Lafontaine zurücktrat, wurde allenthalben von der neuen Chance für Gerhard Schröder gesprochen. Die erste Chance hatte die Regierung, getreu ihres Mottos »Schnelligkeit vor Gründlichkeit«, vertan. Doch selbst dann, wenn die neue Chance besser genutzt worden wäre, als dies mit dem Gesetz zur Scheinselbständigkeit und zu den 630-Mark-Jobs geschehen ist – das, was als endgültiger Sieg Schröders im Duell mit Lafontaine bezeichnet wurde, war ein Tiefschlag für die Partei: Die SPD steht nicht nur deswegen so schlecht da, weil ihre Gesetze nicht gut genug sind, sondern weil es ihr nicht gelingt, eine irritierte, enttäuschte, demotivierte Anhängerschaft wiederzugewinnen. Nun redet man schon wieder von einer neuen Chance, diesmal vom Sparpaket des Hans Eichel, dem Nachfolger Lafontaines als Finanzminister.

Am Donnerstag, 24. Juni 1999, nachdem er öffentlichkeitswirksam und gut vorgearbeitet hatte, stand Hans Eichel am Pult des Bundestags wie einer, der über Nacht gewachsen ist. Und in der Tat stand er ja auf einem gewaltigen Stapel von Lob; schon lange war über einen deutschen Finanzminister nicht mehr so viel Positives geschrieben worden. Das weckte in Eichel ganz neue Seiten – aus dem Vorsteher des Finanzamtes Bonn wurde ein Vater Courage der Innenpolitik: Er warb, gelegentlich fast kokett, für seine »bittere Medizin«, er tadelte die Union mit souveräner Geste, aber er trumpfte nicht auf. Noch wenige Wochen zuvor hatte Eichel ein wenig so gewirkt, als hielte er es mit dem Wort seines Lieblingsschriftstellers Bert Brecht: »Der Lachende hat die furchtbare Nachricht nur noch nicht empfangen.« Jetzt ist es ganz anders: Jetzt ist er, Eichel, selbst derjenige, der das Furchtbare erfindet und dabei lächelt, ja, sogar lacht. Hans Eichel hat seine Rolle gefunden. Als er seine politische Karriere als Oberbürgermeister von Kassel begann, galt er in seiner Landeshauptstadt als der große Jammerer. Jetzt genießt er es beinah, wenn alle anderen jammern – und das sagte er im Bundestag auch so ähnlich: Je mehr jammern, um so richtiger erscheint ihm seine Politik.

Die außerparlamentarische Opposition – das sind heute die Sozialverbände der Kirchen und die freie Wohlfahrtspflege – reagierte erst einmal zurückhaltend. Thomas Becker, der Sprecher der Caritas in Freiburg, lobte die Einführung der Grundsicherung, weil sie verhindert, daß Rentner in die Sozialhilfe abgleiten. Dann hakte aber sogleich sein Kollege Peter-Franz Lenninger ein. Er hielt die Kürzungen der Arbeitslosenhilfe für höchst problematisch. Und er entdeckte die Fortsetzung des schleichenden Versuchs, immer größere Personengruppen aus der Betreuung durch die Bundesanstalt für Arbeit hinauszudrängen und sie per Sozialhilfe den Kommunen zu überantworten. Er warf der Regierung vor, immer mehr Menschen vorschnell für den regulären Arbeitsmarkt abzuschreiben.

Die Kritik des Sozialethikers Friedhelm Hengsbach, des führenden Vertreters der Christlichen Soziallehre und Leiter des Nell-Breuning-Instituts an der Philosophisch-Theologischen Hochschule Sankt Georgen in Frankfurt am Main, fiel noch massiver aus. Ihn empörte es, wie eine sozialdemokratische Regierung schon verbal mit Sozialhilfeempfängern umgehe: Man tue so, als handelte es sich samt und sonders um Drückeberger und Faulpelze, »denen man nur auf die Füße treten muß, damit sie wieder springen«. Die Sozialdemokraten, so Hengsbach, hätten anscheinend die soziale Realität vergessen. Die Sparpläne, so meinte er, zementierten die »schon vorhandene Dreiteilung der Gesellschaft«. Die wohlhabende Spitze werde außerordentlich geschont. Im Mittelfeld würden Lasten hin- und hergeschoben – vom Beitrags- auf den Steuerzahler und von diesem auf den Rentner. Am unteren Rand schließlich werde am rigorosesten gekürzt. Hengsbach sprach von einer absoluten »Dominanz« der Industrie auf allen Feldern der Wirtschafts- und Finanzpolitik. Und dann fiel ihm ein Wort ein, das sein Vorgänger, der katholische Sozialwissenschaftler Oswald von Nell-Breuning, gern gesagt hatte, wenn er sehr ungehalten war: »Cäsarenwahn«. Der Kanzler zeige solche Anzeichen.

Als Cäsar das gegnerische Heer binnen vier Stunden besiegt hatte, schrieb er nach Rom die berühmten Worte: Veni, vidi, vici – ich kam, sah und siegte. Wenn Hans Eichel, der Finanzminister, bei Vorstellung seines Sparpakets für ein paar Stunden in einen solchen Rauschzustand verfallen wäre – man hätte es ihm nachgesehen. Eichel war ja tatsächlich erst kurz vorher nach Bonn gekommen, er hatte die Lage gut beobachtet, und gesiegt hatte er auch schon ein wenig, weil das Urteil über seine Sparpläne in der Öffentlichkeit recht positiv ausgefallen war. Er konnte also seinen Auftritt im Bundestag genießen.

Daß aber der Bundeskanzler, kurz zuvor noch an der Spitze einer Trauerprozession, sogleich so tat, als würde er schon den Triumphzug anführen – das war doch reichlich übertrieben. Wenn das Sparpaket Lob verdiente, dann galt das Lob erst einmal seiner blanken Existenz, nicht aber seinem Inhalt. Das von Eichel propagierte große Sparen funktioniert nämlich nur dann, wenn die Leute das Gefühl haben, daß es dabei gerecht zugeht. Und mit Gerechtigkeit ist nicht die von der Art gemeint, die es Armen wie Reichen erlaubt, unter den Brücken zu schlafen. Anders gesagt: Wer den Gürtel schon im letzten Loch hat, von dem kann man nicht noch verlangen, daß er ihn noch enger schnallt. Man geniert sich fast, einer sozialdemokratischen Regierung so etwas zu sagen. Andererseits: Die schäumende Empörung der CDU/CSU-Opposition über die Regierung ist auch wenig glaubwürdig. Die Garde der Abgewählten tat und tut so, als hätten Eichel, Andrea Fischer, Riester & Co. soeben die Büchse der Pandora geöffnet, als bräche jetzt das Unglück über Deutschland herein. Wolfgang Schäuble sprach von einem »gigantischen Täuschungsmanöver«, einige Unionsfunktionäre wollten mit Unterschriftenaktionen nach hessischem Muster die Bevölkerung gegen die Rentenreform mobilisieren. Mit solchen Aktionen ist man aber nicht stark, sondern nur lautstark. Und hinter dem Getöse der Union verbirgt sich Verlegenheit und Neid – weil angepackt wird, was schon in Unions-Regierungszeiten angepackt gehört hätte.

Ob die Regierung Schröder mit Eichel wuchern kann? Das hängt davon ab, ob es ihr gelingt, den Fehler zu vermeiden, der der Regierung Kohl das Kreuz gebrochen hat: Deren Sparpaket belastete einseitig die Schwachen. Es war nach dem Motto gepackt worden: »Die Starken müssen gestärkt werden, damit sie die Schwachen besser ziehen können.« Wegen dieses Sparpakets platzte im April 1996 das Bündnis für Arbeit. In einem Bündnis ist es nämlich wichtig, daß keiner das Gefühl hat, verraten und verkauft zu sein. Genau dieses Gefühl stellte sich aber ein, als damals die Regierung Kohl ihr sogenanntes Sparpaket präsentierte – die Gewerkschaften zogen aus dem Bündnis für Arbeit aus, und das war der Anfang vom Ende der Regierung Kohl.

»Die Zahl der Arbeitslosen in Deutschland soll bis zum Jahr 2000 halbiert werden. Darauf haben sich am 24. Januar 1996 Bundesregierung, Arbeitgeber und Gewerkschaften bei einer Gesprächsrunde bei Bundeskanzler Kohl geeinigt und streben zu diesem Zweck ein Bündnis für Arbeit und Standortsicherung an.« Mit dieser hoffnungsvollen Meldung hatte das Jahr 1996 begonnen. Es war ein Plan, der auf ein Angebot Klaus Zwickels zurückging. Der IG-Metall-Chef hatte schon 1995 der Bundesregierung und den Arbeitgebern Zugeständnisse bei der künftigen Lohngestaltung für den Fall zugesagt, daß die Arbeitgeber in den kommenden Jahren 300 000 zusätzliche Arbeitsplätze schaffen und 30 000 Langzeitarbeitslose einstellen würden.

Doch der Plan ist nie in die Wirklichkeit umgesetzt worden. Die Moderation des Kanzlers Helmut Kohl mündete in Eskalation. Nach den für die Regierungsparteien erfolgreichen Landtagswahlen von Rheinland-Pfalz und Schleswig-Holstein im Frühjahr 1996 schloß die Bundesregierung ein ganz anderes Bündnis – eines ausschließlich mit den Arbeitgebern und mit dem Inhalt, daß für die Gesellschaft nicht die Arbeitslosigkeit, sondern das soziale Sicherungssystem zu teuer ist. Die Schnitte ins soziale Netz wurden als aktive Arbeitsmarktpolitik ausgegeben, die Schuld an der Misere den »Sozialmißbrauchern« aufgeladen. »Sozialmißbraucher« – gemeint waren damit nicht die Firmen, die Hunderttausende von Arbeitnehmern zusätzlich in die Frührente schickten, um sich so auf Kosten der Sozialkassen zu sanieren. »Sozialmißbraucher« – gemeint war nicht der Staat, der die Sozialkassen zur Finanzierung der deutschen Einheit mißbrauchte. »Sozialmißbraucher« – gemeint waren nicht, jedenfalls nicht nur, die wenigen »Faulenzer«, die sich ein süßes Leben in der sozialen Hängematte von der Allgemeinheit finanzieren ließen. Gemeint war die Mitte der Gesellschaft, der Normalbürger. Es dauerte Wochen und Monate, bis diese Allgemeinheit erkannte, daß sie selbst es war, die unter Zuhilfenahme solcher Argumentation geschröpft werden sollte. Und es begann eine Protestwelle, von deren sich steigerndem Ingrimm selbst die Gewerkschaften überrascht wurden: Dieser Ingrimm hat letztendlich die Ära Kohl beendet.

Das Schicksal der Regierung Schröder hängt also davon ab, ob aus dem neuen Bündnis für Arbeit und aus dem Sparpaket sich ein Bild einer fairen, gerechten Politik formt. Das neue Bündnis für Arbeit lebt, das Treffen ist im dritten Anlauf im Juli 1999 aus dem Stadium eines bloßen Fototermins herausgekommen. Die beteiligten Herrschaften haben offensichtlich kapiert, daß sie mit anhaltender Sturheit nicht nur der jeweils anderen Seite und der Bundesregierung, sondern vor allem sich selber schaden: Die Gewerkschaften mußten und müssen ein Interesse daran haben, daß die Koalition endlich Tritt faßt, weil für sie nichts Besseres nachkommt. Und die ökonomische Klasse konnte und kann nicht negieren, daß es einen neuen Finanzminister gibt und daß eine ordentliche Unternehmenssteuerreform in Arbeit ist. Also gab es im Juli 1999 endlich Vereinbarungen, die ein wenig konkreter waren, wenn auch noch lange nicht konkret genug. Immerhin: Es gab neben den Lehrstellen-Zusagen (die gab es bisher auch schon) die Einbeziehung der Lohnpolitik in das Bündnis – und damit endlich eine Geschäftsgrundlage für ein Gesamtkonzept. Wer meint, das sei noch nicht viel, der hat recht. Wenn die Fundamente für ein Bauwerk gelegt werden, gibt es nicht viel zu bestaunen. Aber ohne dieses Fundament braucht man das Bauen gar nicht erst anzufangen. Es kommt darauf an, daß überhaupt etwas vereinbart wird, auf dem sich weiter aufbauen läßt – und woraus sich eine Neuauflage des rheinischen Kapitalismus entwikkeln könnte, ein neuer sozialer Konsens im Zeitalter der Globalisierung. Wer das für Psychologisiererei hält, wer von »heißer Luft« spricht, die da produziert wird, der verkennt, daß Politik ebenso wie Wirtschaft wenigstens zu einem Teil Psychologie ist – und daß die Börse jeden Tag auf »Symbole«, »Signale« und »heiße Luft« durchaus mit Kurssteigerungen reagiert.

Das Wort Symbol leitet sich ab vom griechischen »symballein«, und das heißt soviel wie »zusammentreffen«. Symbol war ursprünglich das abgebrochene Stück eines Würfels oder eines sonstigen Gegenstands, dessen Bruchrand zu dem des anderen Teiles paßte – und sich also zusammenfügen ließ. Freunde gaben einander zwei solche Hälften zum Zweck späteren Wiedererkennens. Wie fügen sich die verschiedenen Teile der Politik der Regierung Schröder zusammen? Da ist die Selbsttitulierung des Kanzlers, ein Automann zu sein, ein Ruf, den er (etwa im Zusammenhang mit der Altauto-Verordnung) kräftig poliert hat. Und da ist der Anspruch seines Ministers Hans Eichel, jeden nach dessen Möglichkeiten zu schröpfen – auch und vor allem die Gut- und Bestverdiener.

Schröder mag mit seinem Altauto-Freundesdienst ein Versprechen eingelöst haben, das er als Ministerpräsident im Sommer 1996 gegeben hat. Man erinnert sich: Die Regierungschefs des BMW-Landes Bayern (CSU), des VW-Landes Niedersachsen (SPD) und des Mercedes-Landes Baden-Württemberg (CDU) traten nach einem sogenannten Auto-Gipfel im August 1996 vor die Mikrophone und verkündeten einen neuen Rütli-Schwur: Sie schworen den Schwur einer großen Auto-Koalition – nichts zu tun, was den Interessen der Autoindustrie zuwiderlaufen könnte. Das Treffen symbolisierte die partielle Abdankung der Politik. Spätestens seitdem gilt politische Untätigkeit oder Willfährigkeit als Ausweis ökonomischer Kompetenz. Wer die Wirtschaft nach Belieben schalten und walten läßt und dies mit Verve vertritt, gilt ihr als guter Politiker. Ein guter Kanzler handelt anders: Er läßt sich den Handlungsrahmen nicht von Piëch & Co. zuweisen, sondern zimmert ihn selbst. Der Erfolg der Regierung Schröder wird davon abhängen, ob dies gelingt – oder zumindest davon, ob es gelingt, diesen Eindruck zu erwecken.

Schon beginnt die CDU/CSU so zu reden, wie dies – mit Erfolg – die SPD im Bundestagswahlkampf getan hat. Die vormaligen Konstellationen beginnen sich umzudrehen. Die CDU/CSU von ehedem wird SPD, die SPD wird zur Union. Man erinnere sich an das letzte Duell zwischen Kohl und Schröder im Bundestag, das war am 3. September 1998: Kohl hatte den Staatsmann gegeben, dem die Welt vertraut – genauso hatte man es erwartet. Und Schröder hatte sich als Politiker dargestellt, der die Sorgen der Menschen kennt – auch das hatte man erwartet. Kohl hatte die Massenarbeitslosigkeit und die neuen sozialen Spannungen, diese Schande der deutschen Innenpolitik, sorgfältig ausgespart. Schröder tischte sie ihm auf. Heute ist es fast umgekehrt: Schröder stellt sich hin wie einstmals Kohl – wie einer, dem Kritik vermutlich nichts anhaben kann. Und er fängt an, so zu reden, wie dies einst Kohl getan hat, um die Kritik der damaligen SPD-Opposition zu parieren: Schröder bezeichnet die CDU/CSU-Kritik an der Renten- und Gesundheitspolitik seiner Regierung als »Neidkampagne der CDU/CSU«. Schon warnt Hans-Olaf Henkel die Union davor, die SPD »links zu überholen«. Das ist zwar, wie vieles, was Henkel sagt, übertrieben. Aber es indiziert etwas für die SPD Gefährliches.

»Umverteilung ist gegenwärtig häufig Umverteilung des Mangels, weil der Überfluß auf der anderen Seite geschont wird.« Das war, 1996/97, die Kritik der Kirchen am Umbau des Sozialstaats, so wie ihn die Union ausführte. In ihrem Sozialpapier mahnten sie eine gerechte Verteilung der Armut und des Reichtums, prangerten sie die Vergötzung der Marktwirtschaft an. Sie verurteilten damit das Hauptprinzip der Politik des sogenannten Umbaus des Sozialstaats, das dort sparen will, wo eh nicht viel ist. Das war keine Kritik speziell an der Regierung Kohl. Es war eine Kritik, gerichtet an den, den sie angeht. Das ist jetzt die rot-grüne Koalition.

Kapitel 4

Die neue Mitte: Eine Partei wird rosarot

Helmut Kohl, der Vorgänger, hat lange gewartet, bis er seinem Nachfolger auf dessen Regierungserklärung geantwortet hat. Der Abgeordnete Kohl hat sich eine schöne Gelegenheit für eine schöne Rede gesucht – die letzte Sitzung des Bundestags in Bonn am 1. Juli 1999. Sie stand unter dem Motto »Dank an Bonn« und war eine anrührende Reflexion über Vergangenheit und Zukunft der Republik. An diesem Tag trat der Altbundeskanzler zum erstenmal seit seiner Wahlniederlage wieder ans Redepult des Bundestags. Das Wort »Schröder« kam an keiner Stelle seiner Rede vor. Aber wer Ohren hatte, der konnte hören. Kohl mahnte zur sozialen Verantwortung. Kohl beschwor die Bescheidenheit der Republik im außen- und europapolitischen Auftreten. Kohl warnte vor deutscher Großmannssucht und warb für die Pflege der deutsch-französischen Freundschaft.

Jeder dieser Sätze hatte einen Bezug zu Schröderscher Politik: Gleich zu Beginn seiner Amtszeit hatte der neue Kanzler die nationalen Interessen wie Trumpfkarten auf den europäischen Tisch geknallt und die Reduzierung der deutschen Zahlungen an die EU gefordert. Natürlich stimmte es und stimmt es, daß Deutschland der größte Zahler der Union ist, daß Entlastungen notwendig sind. Richtig ist aber auch, daß Deutschland als Exportland am meisten vom Binnenmarkt profitiert. Es geht also nicht um eine Neiddebatte, sondern um Beitragsgerechtigkeit. Aber mit Hauruck ist da nichts zu erreichen. Fast zornig verurteilte Helmut Kohl daher das Reden von der »Berliner Republik«, das sich Schröder in seiner Regierungserklärung zu eigen gemacht hatte. Kohl fürchtete nicht zu Unrecht, daß es das Tarnwort sein könnte für neues deutsches kraftmeierisches Gehabe.

Berliner Republik? Helmut Kohl hatte recht mit seiner Kritik. Nach Berlin verlagert wurde die politische Infrastruktur. Die Republik hat ein neues Zentrum, ein neues Herz, wenn man so will. Der Umzug hat keine neue Republik erschaffen, er war kein Staatsgründungsakt – Deutschland blieb und bleibt auch nach dem Umzug die Republik des Bonner Grundgesetzes. Der »Dank an Bonn« besteht darin, exakt das zu betonen und von Berlin aus den Weg weiterzugehen, der in Bonn begonnen hat: Es ist der entschlossene Weg nach Europa.

Mit diesem Weg, das hat sich in der ersten Jahreshälfte 1999, also in den sechs Monaten der deutschen EU-Ratspräsidentschaft, gezeigt, muß Bundeskanzler Schröder noch vertraut werden. Europa ist weit entfernt vom Erfahrungshorizont des Gerhard Schröder, dem die Wählerinnen und Wähler von Niedersachsen am 1. März 1998 die höheren Weihen erteilt haben – das für den damaligen Ministerpräsidenten Schröder hervorragende Landtagswahlergebnis machte ihn, nach SPD-interner Absprache, quasi automatisch zum Kanzlerkandidaten der SPD.

Schröder: entschlossen, aber nicht festgelegt

Man kann lange darüber mäkeln, wie die SPD ihren Kanzlerkandidaten gekürt hat. Den Wählerinnen und Wählern der Landtagswahl in Niedersachsen die Entscheidung überlassen zu haben, das war wie ein mittelalterliches Gottesurteil auf höherem Niveau. Die Sozialdemokraten haben ihr Schicksal aus der eigenen Hand gegeben und in andere Hände gelegt, aber dies so gekonnt arrangiert, daß die Schwäche, die sich darin offenbart, dem Publikum gar nicht so recht bewußt wurde. Der Sonntag, 1. März 1998, Tag der absoluten SPD-Mehrheit in Niedersachsen, wurde zum Tag des ersten Triumphes von Gerhard Schröder auf dem Weg nach Bonn. Von diesem Tag an wurde immer wieder die Frage gestellt, wofür dieser Mann eigentlich steht, und diese Frage begleitet nun auch seine Kanzlerschaft. Sicher ist, daß er steht.

Er hat Stehvermögen und Durchsetzungskraft wie in jüngerer Vergangenheit kein anderer in der deutschen Politik – Helmut Kohl ausgenommen. Schröder hat einen Machtinstinkt wie kein zweiter – Helmut Kohl ausgenommen. Schröder hat am 1. März 1998 in Niedersachsen glanzvoll, ja spektakulär gewonnen – und damit hat er auch seine Partei überzeugt. Die Vorbehalte der Bundespartei gegen den Sozialdemokraten, der nicht so richtig sozialdemokratisch riecht, wurden überzuckert vom süßen Erfolg, von erstaunlichen Stimmengewinnen und der Mobilisierung bisheriger Nichtwähler. Gerhard Schröder: Er ist ein Mann, der nicht zuallererst eine bestimmte Politik durchsetzt, er setzt vor allem sich selbst durch. In Niedersachsen war er die Partei, er verkörperte die SPD dort in einer Weise, wie Helmut Kohl eineinhalb Jahrzehnte auf Bundesebene die CDU verkörpert hat.

Schröder ist, wie seine politische Vita der vergangenen Jahre zeigt, keiner, dessen Herz und Seele an einer politischen Botschaft hängt. Er kann sie wechseln wie einen Anzug, und der eine Zwirn steht ihm so wie der andere. Als nach den Hamburger Bürgerschaftswahlen vom September 1997, die für die SPD zum Desaster wurden, die vorher scharfen Töne zur inneren Sicherheit nicht mehr angesagt waren, hat man sie von Schröder auch nicht mehr gehört. Schröders Geschmack ist nämlich der Geschmack desjenigen Publikums, das er gerade braucht. Dabei ist er höchst treffsicher, und damit hat er Erfolg. So ist Schröder am 1. März 1998 der Mann der Stunde geworden – und am 27. September 1998 der Mann der deutschen Politik der nächsten Jahre.

Man muß sich vergegenwärtigen, gegen welche Widerstände sich Schröder durchgeboxt hat. Im November 1995, auf dem SPD-Revolutionsparteitag von Mannheim, als Oskar Lafontaine sich den Parteivorsitz eroberte und Rudolf Scharping stürzte, war auch Schröder der große Verlierer. Er spürte damals in brutaler Deutlichkeit: ein SPD-Parteitag ist für ihn fast so etwas wie Feindesland. Seine Partei hat nicht vergessen, daß Schröder über lange Zeit hin den Quertreiber und Störenfried gegeben hat, aber sie begann es nach dem fulminanten Sieg in Niedersachsen zu verdrängen. Die SPD opferte ihre Vorbehalte gegen Gerhard Schröder begeistert dem Glauben daran, daß sie mit ihm siegt.

Und dann, nach dem 1. März 1998, begann ein Wahlkampf, dessen Stil den der Kanzlerschaft Schröders bereits vorgezeichnet hat: Da war der Krönungsparteitag in Leipzig im April, der Gerhard Schröder offiziell zum Kanzlerkandidaten machte und von dem das atemberaubende Selbstbewußtsein und die glatte Professionalität der Akteure im Gedächtnis geblieben ist – beinahe so, als wäre Leipzig Hollywood. Der Leipziger SPD-Parteitag war kein Parteitag, sondern eine Show, ein Kunstprodukt für einen Medienhelden. Der musikalische Einmarsch der SPD-Gladiatoren wird dem Journalisten in der Halle als grandiose Peinlichkeit in Erinnerung bleiben – auf dem Bildschirm blieb von diesem Spektakel der Eindruck von etwas Grandiosem. Die SPD feierte ungeniert, mit fast obszöner Befriedigung, den Hauptsatz ihres Wahlkampfs und seine Verkörperung. Der Hauptsatz des Wahlkampfs hieß: Erst einmal Erfolg haben, mit welchen Mitteln auch immer, und dann politisch handeln.

Und die Verkörperung dieses Hauptsatzes hieß und heißt Gerhard Schröder. Niemand wußte damals, nach welchen Regeln Schröder Politik machen und mit welchem Partner er spielen wollte; er wußte es wohl nicht einmal selbst – aber er beherrschte die Regeln der Medienwelt. Der verschwommene Gehalt seiner politischen Botschaft gehörte und gehört dazu; man mag das verurteilen, aber das war und ist die Lehre, die die Schröder-SPD aus den Erfolgen des Tony Blair gezogen hat. Schröder reihte die Themen des SPD-Wahlprogramms auf zu einem Rosenkranz der Marktwirtschaft, bei dem die Fürbitten wechseln. Schon damals beim Krönungsparteitag in Leipzig im April 1998 galt: Noch interessanter als das, was Schröder sagt, ist das, was er nicht sagt: kein Wort zur Integration von Ausländern in Deutschland, kein Wort zu den Bürgerrechten, wenige sorgfältig komponierte Sätze zur inneren Sicherheit. Das heißt: Schröder ist entschlossen, aber nicht festgelegt, seine Stärke ist die unbestimmte Kompetenz.

Lafontaine, der James Watt der SPD

Eine Dampfmaschine funktioniert bekanntlich so: In einem Kessel wird Dampf erzeugt; der Dampf dehnt sich aus, braucht 1700mal mehr Platz als das Wasser, aus dem er entstanden ist. Dieser Dampfdruck wird vom Kessel in den Arbeitszylinder geleitet und auf Kolben und Schwungräder übertragen. Dieses Prinzip der Betriebsdampfmaschine hat 1996 und 1997 der gelernte Physiker Oskar Lafontaine, 231 Jahre nach James Watt, auf die Politik übersetzt: Er ließ 26 Monate lang die Frage offen, wer Kanzlerkandidat der SPD wird. 26 Monate lang stieg daher der Druck im Kessel, konzentrierte sich das öffentliche Interesse an der SPD darauf, ob die Partei diesen Druck aushielt. Zwei Jahre lang trat die Auseinandersetzung um Sachfragen, um Programme, um Leitlinien der Politik hinter der Personalfrage zurück. Der Kessel fauchte und spuckte, er machte einen Höllenlärm, er versetzte das Publikum in erregte Spannung – und er explodierte, fast wider Erwarten, nicht.

Die Erzeugung von Dampf im Kessel gehört freilich noch in die Abteilung Spektakel. Die eigentliche Ingenieurleistung beginnt mit der effektiven Nutzung des erzeugten Drucks: Es muß gelingen, mit diesem Druck zu arbeiten, einen hohen Wirkungsgrad zu erzielen und die großen Massenkräfte, die bei dem Hin und Her der Kolben auftreten, unter Kontrolle zu halten. Und das gelang Oskar Lafontaine nach dem Wahlsieg Schröders bei der Landtagswahl am 1. März 1998 in Niedersachsen. Sofort nach Bekanntwerden des Wahlergebnisses erwies Lafontaine sich tatsächlich als ein James Watt der Politik. Er stellte die eigenen Ambitionen zurück, widerstand allen Versuchungen der Selbstkrönung – und lenkte die Kraft der Maschine SPD auf den Wahlkampf. Es gelang: Die Mechanik arbeitete mit hoher Effektivität und Präzision, so wie man es ihr nach vielen Jahren des Stotterns und der Kolbenfresser nicht mehr zugetraut hatte.

Die SPD nutzte geschickt den Stimmungsumschwung des Publikums, das gemerkt hatte, daß dem Ancien régime nichts mehr gelang. Das Sozialwort der Kirchen, 1997 publiziert, hatte zwar kaum Einfluß auf die Tagespolitik gehabt, aber es hatte die Stimmung im Land mitgeprägt, es hatte das Bewußtsein geschärft für die von der Politik forcierte Entsolidarisierung der Gesellschaft. Die SPD begann zur Heimat für diffuse, aber mächtige Ängste der Menschen zu werden: der Angst vor der Arbeitslosigkeit, vor der Globalisierung, vor der Macht der Märkte und dem Terror der Ökonomie. Zwar war Schröder für die Menschen, die eine neue Solidarität suchten, ganz sicher nicht deren Personifikation; Schröder war die Sphinx von Hannover. Er hätte aber dieses Heimatgefühl, wenn er ungeschickt gewesen wäre, schnell zerstören können. Es ist Lafontaine gelungen, einen ganzen langen Wahlkampf lang dieses Gefühl zu erhalten – und die Maschine SPD störungsfrei laufen zu lassen. Dann aber, nach vollbrachter Tat, platzte nicht die Dampfmaschine, sondern ihr Chefingenieur.

Die Euphorie des Bundestags-Wahlkampfs und der Triumph des großen Schröderschen Wahlsiegs erhielten ausgerechnet beim ersten Parteitag nach dem Wahlsieg, der eigentlich ein fulminanter Siegesparteitag sein sollte, ihren ersten Dämpfer. Es war am 25. Oktober 1998 im Bonner Maritim-Hotel: Die Spannungen zwischen Oskar Lafontaine und Gerhard Schröder lagen in der Luft wie ein drohendes Gewitter. Noch schien die Sonne, noch war alles strahlend – aber die Ahnung von Unheil war schon da. Die

Gewitterladung baute sich auf: Oskar Lafontaine trat ins Kabinett ein, glaubte, mit einem nach seinen Wünschen zurechtgeschnittenen Finanzministerium sich zusätzliche Macht anzueignen. Es war sein größter Fehler: Er, der Parteivorsitzende, begab sich damit auf das Terrain, auf dem der Kanzler unumschränkter Herrscher ist. Lafontaine mehrte seine Macht mit dem Amt des Finanzministers nicht, sondern schwächte sich als Parteivorsitzender. Aus der konstruktiven Kraft, die er drei Jahre lang gezeigt hatte, wurde eine destruktive: Mit brachialen Winkelzügen hielt er Rudolf Scharping vom Fraktionsvorsitz fern, um so zu verhindern, daß aus dem SPD-Duo Schröder/Lafontaine wieder ein Trio wurde. Lafontaine versuchte, um dem Gewicht des Kanzlers etwas entgegensetzen zu können, das erste der zehn Gebote auf sich, die Partei und die Fraktion umzuschreiben: »Ich bin der Herr, dein Gott. Du sollst keine anderen Götter neben mir haben.«

Lafontaine wurde gern als Saar-Napoleon bezeichnet. Dem echten Napoleon ist die Selbstkrönung bekanntlich nicht gut bekommen. So war es bei Lafontaine auch. Es ging ihm ganz offensichtlich darum, neben dem Kanzler Schröder so viel Lafontainsche Macht wie nur irgend möglich aufzubauen. Es war ein gefährliches Spiel. Scharping hatte in den beiden vergangenen Jahren als Fraktionschef ordentliche Arbeit geleistet; für seine Ablösung gab es keine sachlichen Gesichtspunkte. Er stand also viel stabiler als damals in Mannheim, als Lafontaine ihm den Parteivorsitz entriß. Sein zweiter Sturz durch Lafontaine beschädigte diesen mehr als Scharping; der wurde Verteidigungsminister und reüssierte durch moralische Martialität im Kosovo-Krieg.

Mit diesen Machinationen Lafontaines begann sozusagen die Elektrisierung der Quellwolken, die negative Aufladung. Lafontaine verlor an Rückhalt in der Fraktion – und für die Arbeit in der Partei hatte er die notwendige Zeit nicht mehr, weil er als Finanzminister im Feuer stand. Er verkämpfte sich in Auseinandersetzungen mit der Bundesbank und mit den Industrieführern, hatte die Wortführer der Wirtschaftspublizistik gegen sich – die in Lafontaine das Haupthindernis auf dem ansonsten wirtschaftsfreundlichen Parcours Schröders erkannten. Lafontaine verbiß sich in die Auseinandersetzungen, das europaweite Mobbing gegen ihn machte ihn gereizt – er verlor die persönliche und politische Beherrschung. Er hätte aus der Partei ein souveränes, selbstbewußtes Organ neben der Regierung machen können, einen Braintrust; statt dessen verkümmerte sie. Aus der SPD wurde binnen kurzem eine enttäuschte, lustlose Partei.

Ausgerechnet Lafontaine: Der Mann, der die Partei gerettet hat, hat sie auch wieder demoliert. Er, der die SPD zu neuer Größe aufgeblasen hat, er hat ihr auch wieder die Luft rausgelassen. Die Partei war der große Ballon gewesen, der Schröder zum Sieg getragen hatte – und nun, wenige Wochen nach dem Wahlsieg, lag sie als mickrige Hülle ohne Füllung in der Ecke. Lafontaine hatte sich vom Wahlsieg an nicht mehr um die Partei gekümmert, hatte schwache Figuren in die Zentrale gesetzt und seine eigene Autorität untergraben, als er mit verbissener Lust die Wahl von Rudolf Scharping zum SPD-Fraktionschef vereitelte. Und der Fehler, sich dann als Parteivorsitzender ins Kabinett Schröder einbinden zu lassen, war, gepaart mit unglücklichen weltökonomischen Allüren, der Anfang vom Ende. Im Affekt warf er am 12. März 1999 alles hin. Das war das tragische Ende des großen Chefingenieurs – der für gute zwei Jahre aus der alten SPD alles herausgeholt hatte, was herauszuholen war. Und so trat das Unvorstellbare ein: Gerhard Schröder wurde Parteivorsitzender.

So einen wie Schröder hatte die SPD noch nie. Er ist keiner, der die Seele der Partei wärmt, keiner, der mit ihr die vertrauten alten Lieder singt: »Seit an Seit« mit den Genossen war Gerhard Schröder schon lange nicht mehr geschritten. Seine Loyalität zur Partei war stets begrenzt. Berechenbar war für die SPD oft nur seine Unberechenbarkeit. »Parteisoldat« ist ein Wort, das sich in der Biographie vieler großer SPD-Politiker findet; im Habitus des Gerhard Schröder findet sich davon keine Spur. Den Satz, den Oskar Lafontaine an den Schluß seines kurzen Abschiedsbriefes schrieb, wird man von Schröder, falls er je einen Abschiedsbrief schreibt, nicht lesen. Da standen nämlich die Schlüsselwörter der Sozialdemokratie: »Freiheit, Gerechtigkeit, Solidarität«.

Schröder, der Onkel aus Amerika

Schröder kam an die Spitze seiner Partei wie der reiche Onkel aus Amerika zu seiner deutschen Verwandtschaft: Man schätzt sein Vermögen, aber man liebt ihn nicht. Er bleibt der Verwandtschaft fremd – und sie ihm. Wie fremd ihm seine Partei ist, das hat Gerhad Schröder schon kurz nach Oskar Lafontaines Rücktritt demonstriert, als er seine Kandidatur für den Parteivorsitz angemeldet hat. »Morgen«, so sagte er, »entscheidet das Präsidium, wer Parteivorsitzender wird.« Schröder sagte also nicht, daß das Präsidium darüber beraten wird; er sagte auch nicht, daß dann ein Sonderparteitag darüber entscheiden wird. Er tat so, als spielte die Partei, deren Vorsitzender er sein wollte, eigentlich gar keine Rolle. Wenn es ein Versprecher war, dann war es ein Freudscher Versprecher. Die Empfindlichkeiten der großen und kleinen Parteifunktionäre interessieren Schröder nicht. Die SPD verwandelt sich nun, ähnlich wie die CDU unter Adenauer und Kohl, in einen Kanzlerwahlverein. Das alles wußte und weiß die Partei. Aber sie hatte keine andere Wahl. Schröder auch nicht. Er mußte das Amt antreten, alles andere wäre Schwäche gewesen.

Schröders Karriere verlief in der falschen Reihenfolge. Eine organische Verbindung von Schröder & Partei & Kanzler hätte sich ergeben können, wenn Schröder erst Parteivorsitzender und dann Bundeskanzler geworden wäre. So war es bei seinem Vorgänger Helmut Kohl – der wurde im Juni 1973 Vorsitzender und im Oktober 1982 Kanzler. So war es bei Willy Brandt – der wurde im Februar 1964 Vorsitzender und im Oktober 1969 Kanzler. Bei den weniger erfolgreichen, bei den Übergangs-Bundeskanzlern war es umgekehrt: Ludwig Erhard (CDU) wurde erst Bundeskanzler und dann Parteivorsitzender. Und bei Kurt Georg Kiesinger (CDU) war es ebenso. Vor allem Helmut Kohl hatte als Vorsitzender viel Zeit, die Partei nach seinem Bild zu gestalten. Da hatte er seinen Rückhalt, das war die Basis seines Erfolgs.

Als Kohl an die Spitze der Bundespolitik aufrückte, als er von den besseren Kreisen als Kleinbürger denunziert wurde, als man sich über die Spießigkeit des Helmut Kohl lustig machte, hatte er in der CDU seine kaum zu erschütternde Machtbasis. Wenn beim Delegiertenabend des Bundesparteitags getanzt wurde und sich um Kohl herum alles drehte und drängte, Ministergattinnen und Kreisvorsitzende, dann kannte er sie fast alle, er wußte alles über sie, alles jedenfalls, was er wissen mußte, um Fäden zu ziehen. Kohl hat die Mitgliedszahl seiner Partei fast verdoppelt, und dieses Aufgehoben-Sein und das Aufgehen in der Partei haben dazu beigetragen, daß er die ersten großen Affären seiner Amtszeit überstehen konnte: die unehrenhafte Entlassung des Generals Kießling aufgrund von falschen Anschuldigungen; die Parteispendenaffären; den peinlichen Auftritt mit US-Präsident Ronald Reagan auf dem Soldatenfriedhof von Bitburg zum 40. Jahrestag des Kriegsendes, obwohl bekannt war, daß sich dort auch die Gräber von Angehörigen der Waffen-SS befanden. Kohl war trotz solch eklatanter Schwächen stark, weil er in der Partei stark war. Und deswegen hatte er die Zeit, auch in der Politik stark und zum Staatsmann zu werden.

Die Chance, die verlorene Zeit nachzuholen, hat Gerhard Schröder nicht. Selbst wenn er sich jetzt bemühen würde, mit der Partei zu scharwenzeln – man würde es ihm nicht abnehmen. Das ist Schröders Problem: Er ist Vorsitzender einer Partei, die sich mit ihm so schwer tut wie er sich mit der Partei.

Die Wahl Schröders zum Parteivorsitzenden hat die Partei verändert: Mit ihr endete die rote und begann die rosa Periode der SPD – weniger im Sinn von rosa Zeiten denn im Sinn der Veränderung und Verwässerung des bisherigen Farbgehalts. Und verändert hat sich unmittelbar mit der Wahl Schröders zum Parteivorsitzenden die rot-grüne Koalition: Aus einem auch emotionalen Bündnis, das sie bis dahin noch war (beziehungsweise an das man bei den Grünen und einem Teil der SPD glaubte), ist ein rationales, ein sehr berechnendes Bündnis geworden.

Noch wichtiger für die politische Zukunft in Deutschland aber ist etwas anderes: Wenn sich die SPD verändert, wird sich auch das politische Gefüge verändern. Zunächst einmal ist mit dem Ausscheiden Lafontaines die Teilung der SPD in eine Lafontaine-SPD und eine Schröder-SPD zu Ende. Das Ende einer Spaltung ist das mitnichten. Sie beginnt möglicherweise erst. Ein Teil der SPD ist orientierungslos, ein Teil ihrer bisherigen Wählerinnen und Wähler auch. Bei den Europa-Wahlen im Juni 1998 sind deshalb viele zu Hause geblieben. Wo sollen die Wählerinnen und Wähler hin, die bisher in dem linken Quadranten der SPD, in einigem Abstand zur Mittelachse, ihre politische Heimat hatten? Es kann sein, daß eine PDS, die sich rigoros von den alten Kadern trennt, in die Rolle der linken SPD schlüpft und sich, auch im Westen, eine neue Klientel erschließen kann.

Die rosa Periode der SPD

Die rosa Periode der SPD: Ihre erste Materialisierung fand sie im sogenannten Schröder-Blair-Papier. Im Juni 1998 hat Schröder gemeinsam mit seinem Londoner Regierungskollegen und Parteichef-Genossen Tony Blair einen 18seitigen »Vorschlag« vorgelegt, der in seinem Titel einen hohen Anspruch erhebt: »Der Weg nach vorn für Europas Sozialdemokraten«. Vom neuen Vertrauen in den »Unternehmergeist« und in das »einwandfreie Spiel der Marktkräfte« ist in diesem Papier die Rede und von »Diversität«; eine »radikale Modernisierung des öffentlichen Sektors« wird gefordert, des weiteren, daß »schlechte Leistungen auszumerzen« seien. Alles ist oder wird neu: Es gibt nicht nur eine neue Mitte, sondern auch »neue« Bedingungen, »neue«

Realitäten, »neue« Konzepte, »neue« Solidarität. Und all das gipfelt in dem eher unfreiwillig komischen Satz, daß die neuen und modernen Sozialdemokraten die Probleme dort lösen, »wo sie sich am besten lösen lassen«.

Wie die Flagellanten geißeln sich die Sozialdemokraten in diesem Papier für die angeblichen Fehler der Vergangenheit – und übernehmen dabei als Selbstvorwürfe alle Vorurteile, die in den letzten zwanzig Jahren von Konservativen und Liberalen gegen sozialdemokratische Politik mobilisiert worden sind: Soziale Gerechtigkeit sei im Ergebnis mit Gleichheit verwechselt, Eigeninitiative bestraft, universelles Sicherungsstreben belohnt worden. Genau besehen: Nicht die Schreiber solcher Sätze geißeln sich und ihre Anhänger; sie geißeln damit die, die bei der »neuen« Politik nicht mitmachen wollen, der Sozialdemokrat des gerühmten Godesberger Programms gilt jetzt als linker Traditionalist.

Der Sozialethiker Friedhelm Hengsbach spricht von »Canossa-Mimik«. In der *Süddeutschen Zeitung* vom 12. Juni 1998 hält er den Autoren vor (der damalige Kanzleramtsminister Bodo Hombach, jetzt Balkanbeauftragter der EU, zählte dazu), bei der Formulierung der Agenda sei kaum ein Klischee ausgelassen worden, das die Phantomdebatten der neunziger Jahre beherrscht habe, »daß ein großer Teil der Arbeitslosigkeit strukturbedingt ist, ohne zu präzisieren, worin die Strukturbrüche bestehen, daß Unternehmen nicht durch Regulierungen und Paragraphen erstickt werden dürfen, daß Rechte mit Pflichten verbunden sind, daß der Staat die Opfer wirtschaftlichen Versagens (wessen Versagens?) nicht nur passiv zu versorgen hat – daß Steuersenkungen die Rentabilität der Unternehmen erhöhen, Investitionsanreize bieten, das Wachstumspotential erhöhen und die Sozialleistungen finanzierbar machen würden«.

Spricht aus dem Schröder-Blair-Papier der Geist, der das neue Parteiprogramm der Schröder-SPD schreiben wird? Wirtschaftsminister Werner Müller hat wenig später einen sogenannten »Jahreswirtschaftsbericht '99« vorgelegt, der ähnliche Töne anschlägt. Jahreswirtschaftsbericht war eine etwas merkwürdige Bezeichnung für diese Informations- und Selbstdarstellungsbroschüre, die in anderen Zeiten kaum Aufmerksamkeit gefunden hätte und in erster Linie von Volkshochschulen angefordert worden wäre. Nun aber werden solche Texte mit exegetischem Eifer studiert: Kündigt sich darin eine neue große Wende an, eine Wende, wie sie das Godesberger Programm von 1959 bedeutet hat?

1959 hat die SPD von der Ideenwelt, der Redeweise und dem Gebaren des traditionellen »revolutionären« sozialistischen Realismus Abschied genommen. Einprägsamster Ausdruck der damaligen Wende (weg von den großen Neuordnungsversprechungen des Sozialismus, hin zu konkret begründeten schrittweisen Veränderungen) war die Parole, die den ersten Nach-Godesberger Bundestagswahlkampf von 1961 beherrscht hatte: »Wir wollen nicht alles ändern, aber vieles besser machen.« Gerhard Schröder hat im Wahlkampf und als Kanzler rhetorisch an diese Formel immer wieder angeknüpft. Heißt das »Bessermachen« jetzt, daß die Schröder-SPD den Auszug aus der klassischen Sozialdemokratie beginnt?

Es gibt bekanntlich drei Zustandsformen der Materie. Nach ihrer Beweglichkeit und Dichte unterscheidet man wie folgt: fest, flüssig und gasförmig. Die naturwissenschaftlichen Erkenntnisse über Formbeständigkeit und Elastizität eines Stoffes lassen sich für die Darstellung des Zustands einer politischen Partei nutzbar machen – wenn sie genug Substanz aufweist und lang genug existiert. Diese Voraussetzungen treffen auf die Sozialdemokratische Partei Deutschlands zu.

Die Zustandsanalyse ergibt folgendes: Die SPD hat den starren Zustand schon lange hinter sich gelassen; starr und doktrinär – das war sie in der Zeit, als August Bebel keinen Tag ohne die Überzeugung ins Bett ging, daß es bis zur Revolution nur noch wenige Tage dauern werde. Der Verwandlungsprozeß, der die SPD in den nächsten Zustand führte, war langwierig und, denken wir an die Weimarer Zeit, mit vielen Rückschlägen verbunden. Die Sozialdemokraten suchten und fanden langsam und mühsam den Modus vivendi mit der Gesellschaft, in der sie lebten. Die Partei wandelte sich von einer oft wirklichkeitsfremden Kraft zu einer flexiblen, sozialreformerisch demokratischen Bewegung. Dieser zweite Zustand wird wunderbar beschrieben im Godesberger Programm von 1959 – und in diesem Zustand, dem elastisch-flüssigen sozusagen, wurde die SPD zu einer höchst erfolgreichen Partei. Nun aber, als Regierungspartei unter Gerhard Schröder, nähert sie sich einem neuen kritischen Punkt – dem Übergang zur Gasförmigkeit.

Gase erfüllen jede Form, besitzen keine definierte Oberfläche und üben allseitig Druck aus. In diesem Zustand, so lehren es Physik und Chemie, lösen sich die bisherigen Zusammenhänge und Bindungskräfte auf. Genau das passiert derzeit in der SPD. Die Verbindungen der Partei zur Tradition der Arbeiterbewegung werden gekappt, das Verhältnis der SPD zu den Gewerkschaften wird gelöst, die alten sozialdemokratischen Bindemittel – Solidarität, soziale Sicherheit, Gleichberechtigung – werden nicht mehr hergestellt. Neue Bindemittel binden nicht oder noch nicht.

Schröder & Co. experimentieren mit neoliberalen Substanzen. Die FDP ist an solchen Experimenten schon fast zugrunde gegangen. Die dort vorhandenen Apparate waren freilich auch viel kleiner. Die Schröder-SPD propagiert nun den Großversuch. Diverse Versuchsbeschreibungen liegen vor, zuletzt das schon bezeichnete Schröder-Blair-Papier, bestehend aus einer Liste von zusammengesuchten modernistischen Formeln. Es handelt sich noch nicht um die Beschreibung einer neuen Politik, sondern um die forsche Formulierung vager Absichten. Sie erinnern an Programm-Parteitage der FDP, in denen das Wort »Gemeinwohl« mit besonderem Widerwillen ausgesprochen wurde. Solange aber die SPD vor allem den Eindruck erweckt, sie wolle jetzt bei der Auktion des Wortes »soziale Kälte« mitbieten, gewinnt sie damit allenfalls den Titel einer »Partei der Besserverdienenden« – aber kein neues Vertrauen; sie verspielt nur das alte. Und sie verliert die Pfunde, mit denen sie noch im Bundestagswahlkampf wuchern konnte: ihre soziale Kompetenz. Das herzlose Wort vom sozialen Netz als »Trampolin« oder »Sprungbrett« spricht weniger für neue Ideen der SPD denn für ihre neue Gefühllosigkeit: Beide Gerätschaften eignen sich nämlich nur für den gesunden und leistungsfähigen Menschen.

Manche Beobachter wähnen, wie gesagt, die Schröder-SPD auf dem Weg zu einem neuen Godesberg – zum Godesberg des Jahres 2000, zu einer neuen großen Wende also. Damals, vor vierzig Jahren, hatte sich die SPD definitiv von ihrer marxistischen Tradition verabschiedet, sie hatte dem Klassenkampf abgeschworen und sich der Marktwirtschaft geöffnet. Aus der Partei der Arbeiterklasse wurde eine große Volkspartei. Derzeit geriert sie sich so, als wollte sie sich in eine Partei der ökonomischen Klasse verwandeln. Dahinter mag die Absicht stecken, neue Kompetenz zu gewinnen und neue Wähler zu locken. Das bisherige Fazit: Die alte Klientel wird verschreckt, und eine neue Klientel nicht gebunden. Die alte Klientel zweifelt nämlich, daß die SPD noch ihre Interessen vertritt, und die angepeilte neue Klientel glaubt der SPD nicht, daß sie es tun wird. So zeigte es sich schon in den Wahlergebnissen der Europa-Wahl vom 13. Juni 1998. Die SPD ist dabei, ins Loch zu fallen: Alte Stammwähler wenden sich ab, und die sogenannte neue Mitte greift nicht zu. Die SPD legt sich zu einseitig fest. Sie geht daran, eine Politik für eine Gesellschaft zu betreiben, die aus lauter Kleinkapitalisten und Shareholder-value-Profiteuren besteht. Eine solche Gesellschaft gibt es nicht – und es wird sie in absehbarer Zeit nicht geben.

Während die SPD also vergebens versucht, die »neue Mitte«, die sie bei den Bundestagswahlen von 1998 besetzt hat, zu verteidigen, marschiert die CDU/CSU mit den alten, aber neu polierten Slogans der SPD auf sozialdemokratischem Terrain ein. Die Union propagiert »Arbeit für alle« und versucht sich die Werte einzuverleiben, die die SPD aufgibt. Während die SPD also »Marktwirtschaft hurra!« ruft, betont die Union das Soziale in der sozialen Marktwirtschaft.

Den dritten Weg, von dem die SPD jetzt schwadroniert, den gibt es bereits seit vierzig Jahren. Er heißt soziale Marktwirtschaft. Man muß diesen Weg also nicht neu suchen, sondern ausbauen, neu befestigen, den neuen Verkehrsverhältnissen anpassen, da und dort wohl auch neu trassieren. Man muß aber nicht, wie die SPD dies offenbar versuchen will, neue Schneisen schlagen. Gelegentlich tut die neue SPD so, als wäre sie heute die Bewahrerin des Erbes von Ludwig Erhard. Wäre dies so, dann hätte sie mehr Vorbehalte gegen eine Auslieferung der Politik an die ungehemmte Marktökonomie – dann würde sie nicht nur Vorschläge für die Entfesselung der Marktkräfte machen, sondern auch ein Konzept für einen Ordnungsrahmen vorlegen.

Die SPD wiederholt auf dem Gebiet der Wirtschafts- und Sozialpolitik das, was sie in den vergangenen Jahren auf dem Gebiet der inneren Sicherheit schon vorgeführt hat. Lange Zeit hatte sich die SPD mit der Polizei nur dann befaßt, wenn diese über die Stränge schlug, und sie dann heftig kritisiert. Als sie den Fehler erkannt hatte, besetzte sie mit dem Fanatismus von Renegaten das zuvor aufgegebene Terrain. So war es in der Politik der inneren Sicherheit, so ist es jetzt auf dem Gebiet der Wirtschaftspolitik. Das heißt: Der sozialdemokratischen Politik fehlen Maß und Ziel.

Man erinnert sich an das Lied des Wiener Kabarettisten Gerhard Bronner vom halbstarken Motorradfahrer, das Helmut Qualtinger so wunderbar vorgetragen hat: »Ich hab' zwar ka Ahnung, wo i hinfahr, aber dafür bin i gschwinder durt.« Das aber ist nicht der dritte Weg, sondern der Weg ins Nirgendwo.

Kapitel 5

Wie grün sind die Grünen?
Regieren essen Seele auf

»Sie dachten, sie wären an der Macht; aber sie waren nur an der Regierung.« Dieser Satz, den Kurt Tucholsky über die Sozialdemokraten der Weimarer Republik gesagt haben soll, erfüllt sich nun an den Grünen.

In der Regierung erleben die Grünen ihre Machtlosigkeit sehr viel stärker und verletzender als in der Opposition. Sie haben nämlich geglaubt, die rot-grüne Koalition sei eine Zeit des Erntens. Doch nun erfahren sie frustriert: Es ist die Zeit mühsamsten Ackerns.

Und das hat Folgen. Die Grünen werden irre an sich selber. Sie wissen nicht mehr, wer sie sind und was sie sein wollen. Sie wissen nicht mehr, welche Positionen sie wie fest vertreten sollen. Sie wissen manchmal nicht einmal mehr: Was ist eigentlich grün? Der Schriftsteller Christoph Meckel beschreibt in seiner schönen Erzählung »Ein unbekannter Mensch« sein Leben in den Bergen der Drôme, in Südfrankreich: »Wer hier lebt, läßt geschehen, was geschieht, und nimmt hin, was ihm schadet.« Diesen Eindruck hat man bisweilen von den Grünen in der Regierung auch.

Der grüne Anspruch auf Erfolg

Die Grünen, die in der Regierung sitzen, also die Bonner respektive Berliner Grünen, halten das Regieren an sich für eine grüne Sache. Die anderen überlegen schon einmal (wenn nicht gerade ein grünes Regierungsmitglied in der Nähe ist), ob nicht einfach dann wieder alles gut würde, wenn man aus der Regierung wieder ausstiege. Sie sehen und spüren den Anpassungsprozeß, der die Partei mehr und mehr erfaßt, und sind verwirrt, enttäuscht und ratlos. Doch nicht nur das Regieren ist schuld, schuld sind die Grünen auch selbst. Das Regieren hat die Probleme nur verschärft und potenziert. Die Gründe für die Krise reichen weit zurück vor die Bundestagswahl vom 27. September 1998 und die anschließende rot-grüne Koalitionsbildung, sie reichen Jahre zurück. Ohne die Regierungsbeteiligung wäre es freilich möglich gewesen, die Defizite noch ein wenig länger zu verstecken. Seit langem ist eine Entpolitisierung der Partei im Gange. Die Grünen haben es verlernt, sich selbst zu hinterfragen und sich selbst zu vergewissern. Sie sind so konfliktscheu geworden wie die CDU unter Kohl, so nachgiebig wie die SPD unter Scharping und fast so beliebig wie die FDP unter Kinkel. Vor dem 13. Mai 1999, dem Himmelfahrts-Parteitag der Grünen zum Kosovo-Krieg, war immer wieder vom drohenden großen Knall die Rede gewesen. Ein paar Christdemokraten hatten schon mit dem Countdown begonnen; das war voreilig. Die Koalition ist stabiler, als man meinte, weil die Grünen schwächer sind, als man geglaubt hat.

Wer die Interviews und Stellungnahmen von Gunda Röstel (nicht nur) zum Kosovo-Krieg hörte und dann bösartig genug war, den Zustand der grünen Partei an den Äußerungen der Parteisprecherin zu messen, der stellte fest, daß er nichts feststellen konnte: Gunda Röstel redete viel und sagte wenig. Kritik am Nato-Bombardement des jugoslawischen Fernsehsenders während des Kosovo-Krieges? Fehlanzeige! Meinungsfreiheit gilt anscheinend auch bei Grün nicht mehr soviel, wenn es die falsche Meinung ist. Man hat Angst, sich zu äußern, solange Außenminister Fischer sich nicht erklärt hat. Die Partei schwimmt mit im Strom und achtet vor allem darauf, nicht irgendwo wieder anzustoßen. In jedem zweiten Feuilleton gab es mehr Kritik am Kosovo-Krieg als in der Führungsriege der grünen Partei. Schon beim Bombardement des Irak durch die USA im Dezember 1998 war es so: Der Papst war grüner als die Grünen. Was viele Grüne zum Irak auch gern gesagt hätten, sich aber nicht mehr (oder nur noch in Gestalt von Christian Ströbele) zu sagen trauten, das sagte Papst Johannes Paul II.: Der Angriff der USA sei eine Aggression, die umgehend beendet werden müsse. Und Joseph Fischer schwieg ganz still, weil er das so nicht sagen will.

Die Grünen halten an sich: Sie sind viel vorsichtiger, als dies alle politischen Propheten vorhergesagt haben. Außenpolitische Handlungsunfähigkeit wurde befürchtet. Doch was geschieht? Eine ehemals so kritische Verteidigungspolitikerin wie Angelika Beer beißt sich lieber die Zunge ab, als ein Wort von päpstlicher Schärfe zu riskieren.

In der Zeit der großen Krise der SPD, als dort am laufenden Band die Vorsitzenden ausgewechselt wurden, in den Jahren also, bevor Oskar Lafontaine die Partei wieder einte, waren die Grünen erfolgsverwöhnt. Sie gewannen viel an Prozenten hinzu – freilich nicht so viel, um die damaligen Verluste der SPD auszugleichen. Die Grünen waren (nachdem sie das Bundestagswahldesaster von 1990 überstanden hatten) gewohnt, eigentlich nichts falsch machen zu können, weil ihr Publikum kaum etwas krumm nahm. Sicher: Der Erfolg gibt dem recht, der ihn hat – aber nur, solange er ihn hat. Die Grünen glaubten, ein Zuwachs bei jedweder Wahl sei so eine Art Naturgesetz – und nicht wenige ihrer Spitzenleute gerierten sich so, als gäbe es einen grünen Anspruch auf Erfolg. Grüne Politiker, angetreten gegen die Arroganz der Macht, wurden selber arrogant und hielten das für Professionalität.

Das alles schadete der grünen Partei wenig, solange die Sozialdemokraten am Boden lagen: Da waren die Grünen die eigentliche Oppositionspartei, und der damalige grüne Fraktionschef Joschka Fischer war der eigentliche Oppositionsführer. Diese Rolle neben Rudolf Scharping zu spielen war für Fischer nicht sehr schwer. Neben Gerhard Schröder war und ist das nicht mehr so einfach. Schröder saugte, als er als Kanzlerkandidat gekürt war, einen Teil der Aufmerksamkeit ab, die bis dahin allein Fischer gegolten hatte. Die Lage wurde damit objektiv für die Bündnisgrünen schwierig. Die eigenen Fehler der Grünen machten die Lage noch schwieriger. Beim Parteitag in Magdeburg im März 1998 vermengten die Grünen Wahl- und Parteiprogramm; sie hielten kurz- und langfristige Perspektiven nicht auseinander. Sie haben ihr Publikum nicht umworben, sondern geschockt. Vom langfristigen Ökosteuerkonzept blieb dem Publikum nur eine drastische Verkürzung des Projekts im Kopf: fünf Mark fürs Benzin. In anderen Zeiten wäre das nicht so schlimm gewesen. Indes: Wer regieren will, der wird mit anderem Maß gemessen als eine Partei, die sich als der harte Kern der Opposition versteht.

Die Schuld am Fünf-Mark-Desaster tragen freilich nicht allein die Grünen. Die unlautere Zuspitzung und Verfälschung sehr vernünftiger Forderungen geht auch auf das Konto der deutschen Medien, die zum Teil keine Lust hatten, sich mit Details der Aussagen über die Benzinpreise und den Details der ökologischen Steuerreform zu befassen. Kritisiert wurde das alles pauschal mit dem Argument, daß man »so etwas« doch nicht im Wahlkampf sagen könne. Den zu inhaltsstarken Wahlkampfauftakt der Grünen haben im übrigen exakt diejenigen gegeißelt, die dann später die Inhaltsleere des Schröderschen Wahlkampfs beklagt haben. Es geht nicht um die Entschuldigung grüner Ungeschicklichkeiten, wenn man den journalistischen Umgang mit den Forderungen des Magdeburger Grünen-Parteitags als Exempel für journalistische Unverantwortlichkeit beschreibt. Die Hysterie über die fünf Mark war ein Medienprodukt wie die spätere Empörung über den inhaltsleeren Wahlkampf.

Kennzeichen dieses Wahlkampfs von 1998 war der Lila-Kuh-Effekt. Von dem haben erstmals Kindergärtnerinnen berichtet, als Großstadtkinder die Rindviecher so aufs Papier malten, wie sie diese aus der Schokoladenwerbung kannten: lila-gefleckt. Die Zöglinge hatten ihr falsches Bild von der Wirklichkeit dem Fernseher entnommen. So auch im Bundestagswahlkampf 1998: Wie die Kinder an die lila Kühe, so glaubte das Publikum daran, daß der Wahlkampf inhaltsleer und Gerhard Schröder nicht zu fassen sei. Die Medien hatten das so lange wiederholt, daß es als unumstößlich galt. Doch es stimmte zu keinem Zeitpunkt: Schröder zum Beispiel war in seinen Widersprüchen gut faßbar. Es gab (und gibt) ihn in diversen Ausgaben, je nach Gusto.

Man hat die jahrelangen Klagen der Grünen noch im Ohr: Biß und Souveränität hätten sie bei den Sozialdemokraten vermißt; großmütig gestanden sie der SPD zu, sie dürfe ja alles tun, was sie wolle, nur Erfolg müsse sie haben – um so Rot-Grün zu ermöglichen. Seit 1998 kehren sich derlei Sätze um. Der Trend hin zur SPD ging auch auf Kosten der Grünen. Die Grünen erlebten im Bundestrend, was sie auf Landesebene schon kennen: Neben einer starken SPD haben sie wenig Chancen. Schon fühlen sich manche an 1990 erinnert – damals flogen die Grünen aus dem Bundestag. So dramatisch wird es wohl nicht kommen; im Osten sind die Grünen freilich längst marginalisiert.

Wahlen wie Mahlwerke

Die Wahlen der vergangenen Jahre funktionieren wie ein Mahlwerk: Die kleineren Parteien geraten zwischen die Mahlsteine, sie werden zwischen CDU/CSU und SPD zerrieben. Die Grünen erleben also das, was die FDP schon seit Jahren kennt: den Mißerfolg.

Die Grünen haben es verlernt, Themen nicht nur zu besetzen, sondern auch offensiv zu vertreten. Sie galten einmal als eine kluge, geistreiche Partei, in der, oft sicher auf enervierende Weise, um Positionen gerungen wurde. Das ist (und die ganz wenigen Ausnahmen bestätigen nur die Regel) vorbei. Die grüne Partei geht Auseinandersetzungen geradezu aus dem Weg – nicht nur denen mit dem großen Koalitionspartner, zu dem der kleine Partner ein Verhältnis der bisweilen launigen Katzbuckelei pflegt. Die Grünen gehen auch den Auseinandersetzungen mit sich selbst aus dem Weg – und wenn diese Auseinandersetzungen wirklich einmal stattfinden, wie auf dem Kosovo-Kriegs-Parteitag von Bielefeld, dann schleicht man anschließend um ihr Ergebnis herum wie die Katze um den heißen Brei.

Als im Februar 1999 in Hessen für Rot-Grün die erste Landtagswahl seit der Bundestagswahl verloren ging, kam eine Vokabel in Mode, mit der die Lage der grünen Partei beschrieben wurde und wird: Die Grünen seien, so heißt es, auf Bundesebene »strukturell regierungsunfähig«. Damit soll erklärt werden, warum es die grüne Partei zwischen den Erwartungen ihrer klassischen Klientel (Umweltschützer, Menschenrechtsgruppen, Pro Asyl) und den echten oder vermeintlichen Anforderungen der praktischen Politik zwangsläufig zerreibt. Das geht so: Wenn sie die Erwartungen ihrer Basis erfüllt, genügt sie angeblich den Anforderungen der praktischen Politik nicht. Und wenn sie sich den Anforderungen der praktischen Politik stellt, genügt sie angeblich den Erwartungen ihrer Basis nicht mehr. Es kann durchaus sein, daß diese Formel von der »strukturellen Regierungsunfähigkeit« den grünen Ministern, den Partei- und Fraktionsvorständen gut gefällt. Erstens klingt sie so wissenschaftlich, so schön soziologisch-politologisch, erinnert also an die Ur-Zeiten der Studentenbewegung. Zweitens drückt sich darin eine fatale und zugleich bequeme Unentrinnbarkeit aus; man braucht sich also, weil eh vergeblich, gar nicht anzustrengen, das Dilemma zu meistern. Und drittens kaschiert diese Formel trefflich die Hauptschwäche der grünen Partei: Sie ist ziemlich denkfaul und träge geworden.

Ich bin klein, mein Herz ist klein

Die Grünen haben zwar das destruktive Streiten aufgegeben, aber das konstruktive Streiten nicht gelernt. Das zeigte sich bei den Koalitionsverhandlungen, das zeigt sich auch im rot-grünen Kabinett. Die Koalitionsverhandlungen: Die grüne Offensive bestand zunächst einmal darin (und das gehört sich auch so), die eigenen Leute in der Regierung unterzubringen. Im übrigen liefen die Koalitionsverhandlungen so ab: Da, wo die Türen der SPD schon offenstanden (bei den Steuersenkungen zum Beispiel oder auch im Ausländer- und Staatsbürgerschaftsrecht), stürmten die Bündnisgrünen mit Hurra und Stolz hinein. Dort, wo die Tore fest verriegelt waren (so in der Flüchtlingspolitik), stellten sie sich auf den Fußabstreifer. Und dort, wo die Tür einen Spalt offen stand (so bei der Ökosteuer), stellten sich die Grünen brav hin und pochten leise: »Ich bin klein, mein Herz ist klein, möcht' gern in der Regierung sein ...« Solches Verhalten findet im Kabinett seine Fortsetzung: Dort werden die Schwierigkeiten, wenn es nur irgend geht, weggelächelt. Man hat Angst davor, Konflikte auszutragen, weil man dann für sich Kernpunkte der Politik formulieren, weil man dann eine Linie ziehen müßte, die auch um des Regierens willen nicht überschritten werden darf. Beispiel Atompolitik: Da wurde von Grün nach außen hin noch der sofortige Ausstieg propagiert, von dem man sich aber schleichend und insgeheim schon längst verabschiedet hatte. Grüne Politik in Bonn paßt sich den echten oder angeblichen Realitäten an, will aber nicht weiter darüber debattieren – und um sich das zu ersparen, hält man vorläufig rhetorisch an den alten Formeln fest. Es gibt nur ganz wenige Gegenbeispiele: die Bosnien- und die Kosovo-Debatte. Sie blieben Solitäre.

Ist solche Bescheidenheit eine politische Tugend – oder nur Furcht davor, Angst zu erregen? Eines könnten die Grünen durchaus von der Partei lernen, die sie als dritte Kraft abgelöst und in die Opposition geschickt haben: wie man als kleine Partei selbstbewußt und verhandlungsstark auftritt. Im übrigen ist die FDP aber auch ein warnendes Beispiel dafür, daß man Profil nicht schon automatisch dadurch erhält, daß man in der Regierung sitzt. Ein Teil der Grünen hat zudem den merkwürdigen Hang, den neoliberalen Slang und die marktradikalen Rezepte, mit denen sich die FDP unbeliebt gemacht hat, zu übernehmen. Dem jungen grünen Bundestagsabgeordneten Matthias Berninger etwa scheint es zu gefallen, wenn man von seiner Partei als der »Öko-FDP« spricht. Welche Vorteile den Grünen daraus erwachsen sollen, daß sie in die Haut schlüpfen, die bis vor kurzem die FDP zu Markte getragen hat, ist freilich nicht ersichtlich.

Grüner Kohlismus

Fehlende Streit- und Diskussionskultur ist das eigentliche Problem der Grünen: Auf diese Weise ist die Kluft entstanden zwischen der Partei und ihren Wählern. Da hilft es wenig, wenn Joschka Fischer, Außenminister und eine Art Übervorsitzender, wie Gottvater aus den Wolken die Partei zur Reform aufruft (so wie er es nach der verlorenen Landtagswahl in Hessen getan hat) – und Gunda Röstel, eine der beiden Parteisprecherinnen, die Botschaft dann hinunter zur Basis trägt und eine »Verjüngung« sowie die »Strukturreform« anmahnt. Die grüne Partei (welche immer noch die

Partei einer bestimmten Generation ist) wird nicht dadurch jünger, daß sie ein paar Jüngere auf die Kandidatenlisten setzt. Und die Debatte über eine eilige Strukturreform ist eine Fluchtdebatte, ein Ablenkungsmanöver – als ob man in Hessen wegen der »Strukturen« der Partei mit Pauken und Trompeten verloren hätte! Es mag wichtig sein, über Doppelspitzen und die Trennung von Amt und Mandat ganz neu zu befinden. Die Debatte über die richtige Politik kann das nicht ersetzen. Effektivität ist kein Selbstzweck; die Grünen müssen schon wissen, welche Politik sie effektiv umsetzen wollen.

Auch an Fischer selbst, dem beliebtesten und erfolgreichsten Politiker der Grünen, läßt sich das Problem festmachen: Sein Erfolg – zeitweise ist er der populärste deutsche Politiker überhaupt – beruht auch darauf, daß er andere Köpfe in der Partei verdrängt hat (eine Art grüner Kohlismus). Jetzt aber hat Fischer keinen intellektuellen Partner mehr, keinen Gegenpart, mit dem er sich argumentativ messen und streiten muß – und das merkt man der Partei an. Sie ist nicht mehr lebendig, statt dessen regiert sie.

Die Grünen, ein Burschenschaftler-Schicksal?

Weil die Grünen alles, was sie machen, gründlicher machen wollen als die anderen, fällt auch die Umsetzung des Vorhabens »Normalität« besonders gründlich aus. Die Grünen wurden also, binnen kurzer Regierungszeit, radikalnormal. Was für sie gestern noch Kennzeichen des politischen Gegners war, gilt ihnen heute als Indiz für ihre eigene Innovations-, Anpassungs- und Verwandlungsfähigkeit.

Diese Metamorphose (jedenfalls in Teilbereichen) ist atemberaubend, aber kein Novum. Im vergangenen Jahrhundert ist Vergleichbares passiert: Die Burschenschaften verwandelten sich von einer fortschrittlichen Bewegung, die sich im Deutschland des beginnenden 19. Jahrhunderts die Einführung demokratischer Prinzipien auf die Fahnen geschrieben hatte, in eine völkisch-nationale Front. Am Anfang des 19. Jahrhunderts waren die Burschenschaften durchaus Vorkämpfer für größere Gleichheit unter den Menschen gewesen, sie hatten versucht, die überkommenen Rituale der Ungleichheit aufzubrechen. In den Burschenschaften herrschten ursprünglich demokratische, staats- und gesellschaftskritische Tendenzen vor: »Im Aufbegehren gegen die herrschende Ordnung waren sie zugleich Exponenten eines Generationskonflikts gewesen; ihre Opposition gegen das gesellschaftliche und vor allem das staatliche Establishment ihrer Tage ging einher mit einer Opposition gegen die Wertungen, kurzum: den Kanon der älteren Generation.«

So beschreibt der Kultursoziologe Norbert Elias in seinem Buch »Studien über die Deutschen« die deutschen Burschenschaften, und er schildert die Entwicklung, die sie dann nach 1870/71 nahmen: »Nun, am Ende des 19. Jahrhunderts, war das langersehnte Ziel der Einigung Deutschlands, das am Anfang des Jahrhunderts wie ein schöner Traum noch sehr in der Ferne lag, eine vollendete Tatsache geworden. Die vorwiegend bürgerlichen Burschenschaften standen zwar in der Statushierarchie hinter den Korps zurück ...; aber auch sie, wie die akademischen Spitzenkader des deutschen Bürgertums überhaupt, fügten sich nun in die hierarchische Ordnung der deutschen Oberschichten. Eine ganze Reihe früher Burschenschaftler war wegen ihrer liberalen und demokratischen Gesinnung als Demagogen von Staatsbehörden verfolgt worden. Die späteren Burschenschaftler gaben, nach der Erfüllung ihrer nationalen Ziele, das Bemühen um ihre einstigen sozialen Ziele auf ... Nun, als Juniorpartner des gesellschaftlichen und staatlichen Establishments, machten sich auch die ehemals oppositionellen Studentenverbände, die Burschenschaften, mehr und mehr die Wertungen und Haltungen der älteren Generation zu eigen ... Ihre nationalen Ziele waren nun erreicht, und was die sozialen anging, so traten sie in den Hintergrund – um den Lohn der Eingliederung in das neue Establishment Deutschlands.« Tauscht man bestimmte Wörter und Daten im Text gegen andere aus der aktuellen Diskussion um den Zustand der politischen Landschaft in Deutschland im allgemeinen und den Grünen im besonderen aus, reicht das zwar nicht für eine Übertragung 1:1, so aber doch dazu, von einer ungewohnten politischen Perspektive aus die derzeitige politische Entwicklung in Deutschland mit anderen Augen zu sehen. (Den Hinweis auf Norbert Elias verdanke ich Ralf Keuper, Paderborn.)

Damals kam es zu einer radikalen Umorientierung. Das Ergebnis des deutsch-französischen Krieges von 1870/71 hatte zwar nicht die Erfüllung aller politischen Hoffnungen und Wünsche der Burschenschaften mit sich gebracht, denn manche Mitglieder waren enttäuscht über die Einigung Deutschlands ohne die Einbeziehung Österreichs. Aber wenn sich auch nicht alle Träume verwirklicht hatten, die Einigung selbst war nun erreicht – und damit der jahrzehntelange Streit zwischen den »Philosophen« und den »Deutschen« innerhalb der Burschenschaften, zwischen den Aufklärern und den Gegen-Aufklärern, zugunsten der »Deutschen« entschieden. Die »Philosophen«, das waren die Anhänger von Georg Wilhelm Friedrich Hegel, die einst in Heidelberg bei den Pogromen die Juden mit gezogenem Degen verteidigt hatten.

Ein Vergleich der Entwicklung der Burschenschaften mit der 68er Bewegung und den Grünen scheint zunächst sehr gewagt zu sein – aber die Parallelen sind verblüffend; das betrifft natürlich nicht den Ausgangs- und den Endpunkt der Verwandlung; denn natürlich mutieren die Grünen nicht zur Germanomanie, wie dies die Burschenschaften spätestens nach 1871 taten. Aber die Grünen mutieren, und bei der Suche nach den Gründen für diese Mutation kann der historische Vergleich helfen. Wie sagt Norbert Elias: Damals, vor über hundertzwanzig Jahren, traten die ursprünglichen Ziele zurück »um den Lohn der Eingliederung in das neue Establishment Deutschlands«. Das Regieren-Wollen, das Dabei-Sein um fast jeden Preis, prägt seit der Regierungsübernahme auch das Verhalten der Grünen wie kaum etwas anderes. Nicht nur in der Stellung zur Nato, zur Bundeswehr, zum Krieg als Mittel der Politik fand und findet eine radikale Umorientierung statt. Die Teilhabe an der Macht verlangt vermeintlich fast jeden Tag die Preisgabe von Ur-Überzeugungen – in der Ausländer- und Asylpolitik, in der Menschenrechtspolitik, in der Energie- und Atompolitik.

Der Preis des Regierens

Von vielen Forderungen, die früher Inhalt ihrer Politik waren, reden die Grünen gar nicht mehr. Es ist, als hätte die Partei mit dem Regierungsantritt eine Maulsperre angelegt.

Nehmen wir den Bereich der inneren Sicherheit, der den Grünen, die sich ja gern als Rechtsstaatspartei sehen, angelegen sein müßte. Im sogenannten »Deutschen Herbst«, dem Höhepunkt des RAF-Terrors im Jahr 1977, hat sich der Gesetzgeber den schnellen Griff zum Straf- und zum Strafprozeßrecht angewöhnt und nicht mehr davon gelassen; das Strafrecht wurde von der Ultima ratio zur vermeintlichen Prima ratio. Früher haben die Grünen das heftig attackiert, früher haben sie gefordert: Abschaffung des strafbewehrten Vermummungsverbots, der Kronzeugenregelung; Abschaffung des Kontaktsperregesetzes – bis heute gilt dieses Blitzgesetz aus dem Jahr 1977, eine Ausnahmevorschrift aus der Zeit eines nicht ausgerufenen Ausnahmezustands, mit der jedwede Verbindung von Gefangenen untereinander und mit der Außenwelt einschließlich des Verteidigers unterbrochen werden kann. Es gebe Wichtigeres heute, als dieses Recht auf den Prüfstand zu stellen, mögen die Politiker sagen. Wenn man Rechtspolitik ernst nimmt, darf das nicht sein: Diese Kontaktsperre war ein erster Höhepunkt einer Kaskade von Gesetzen zur Bekämpfung des Terrorismus: Verteidigerausschluß, Verhandlung in Abwesenheit des Angeklagten, Erweiterung der Haftgründe, Einführung der Trennscheibe im Gespräch zwischen Verteidiger und Beschuldigtem, erleichterte Wohnungsdurchsuchungen und Beweisverfahren im Strafprozeß, Ausbau der Zwangsmittel der Polizei, und zwar so, daß sie immer mehr auch Unbeteiligte mit einbezogen – notgedrungen, wie man sagte; Raster- und Schleppnetzfahndungen nahmen und nehmen das in Kauf. Was als Quasi-Notstandsrecht zur Bekämpfung der RAF begann, wurde zum Standard.

Wenn man diesen Standard hinterfragt, geht es nicht nur um den Blick in die Vergangenheit, um die Forderung nach einer Rückabwicklung alter Gesetze. Der Geist dieser alten Gesetze setzt sich nämlich in den neuen fort. Dies zeigt die Änderung des Bundesgrenzschutzgesetzes vom 25. Juni 1998, die den Grenzschützern die verdachtsunabhängige Kontrolle in Zügen und auf Bahnhöfen erlaubt.

Verdachtsunabhängige Kontrolle: Das klingt wie ein Begriff aus einer juristischen Examensarbeit. Aber dieser Begriff hat praktische Bedeutung: Wenn eines Tages Polizeibeamte vor Ihrer Tür stehen, um sich in Ihrer Wohnung umzusehen, dann werden Sie fragen, ob es einen Durchsuchungsbefehl oder wenigstens einen Verdacht gibt. Die Beamten werden antworten, daß sie so etwas nicht mehr bräuchten – weil sie neuerdings jedermann auch ohne Verdacht zum Zweck der »vorbeugenden Kriminalitätsbekämpfung« kontrollieren dürften. Dann werden Sie sagen: Das gibt es doch nicht! Und damit haben Sie derzeit (noch) recht – wenn es um Ihre Wohnung geht. Wenn Sie aber im Zug oder auf Bahnhöfen kontrolliert und nach Ausweis und Gepäckinhalt gefragt werden, dann werden Sie von Beamten genau dies zu hören bekommen: Der Gesetzgeber habe die verdachtsunabhängige jederzeitige Kontrolle erlaubt. Es breche doch niemandem ein Zacken aus der Krone, so heißt es, wenn man der Polizei sagen müsse, wie man heiße. Doch die Verfassung schützt auch vor lästigen Befragungen und erst recht vor verdachtsunabhängigen Kontrollen und Durchsuchungen. Solch jederzeitige Kontrolle war zuletzt (die Diktatur ausgenommen) im preußischen Polizeirecht von 1850/51 geregelt. Kein Ausweis – also Festnahme! Damals galt das freilich nur im Belagerungs- und Ausnahmezustand – heute, auf Bahnhöfen und in Zügen, gilt es jederzeit. Das heißt: Es gibt eine sich verschärfende Tendenz zur Banalisierung der Grundrechte. Wenn das keine lohnende Aufgabe für eine Rechtsstaatspartei ist! Die Grünen stellen sich ihr nicht.

Otto Schily (SPD), der Bundesinnenminister, hat ganz zu Beginn seines Wirkens in diesem Amt einen bemerkenswerten Satz formuliert. Schily fragte: »Warum darf es nicht Kontinuität bei der inneren Sicherheit geben?« Er fragte das nicht rhetorisch. Der Innenminister einer rot-grünen Koalition wollte und will offenbar tatsächlich »Kontinuität« auf einem Gebiet, auf dem der Rechtsstaat seit zwanzig Jahren sein Visier heruntergeklappt hat. Schilys Vorgänger in den konservativen Regierungen haben die geheimdienstlichen Ermittlungsmethoden eingeführt, das Polizeirecht zum Ersatz-Strafrecht gemacht, die Trennung zwischen Polizei und Geheimdienst durchbrochen, die Militarisierung der inneren Sicherheit betrieben. Kontinuität? Manfred Kanther (CDU), Schilys Vorgänger, hat die Gerichte als Abteilung der Polizei betrachten wollen. Kontinuität? Noch mehr Überwachung, Telefonkontrolle, Lauschangriff? Kontinuität hieße, den Spähangriff einzuführen, also das heimliche Filmen in Wohnungen, wie es die Union fordert.

Schily verweist darauf, daß man in der Außenpolitik doch auch eine Kontinuität verlange – und daß Außenminister Fischer dafür gelobt werde, daß er solche Kontinuität verspricht und praktiziert. Dann muß ihn eben der grüne Außenminister darauf hinweisen, wo der grundsätzliche Unterschied liegt: Die Außenpolitik hat in den letzten zwanzig Jahren alte Feindbilder abgebaut. In der Innenpolitik war das Gegenteil der Fall: Sie hat in den vergangenen zwanzig Jahren immer neue Feindbilder produziert, bis hin zu den Flüchtlingen, sie war eine Politik der inneren Aufrüstung. Nicht Kontinuität, sondern Abrüstung und mehr Prävention sind geboten. Kontinuität wünscht man sich aber in der

Biographie Otto Schilys, der als Rechtsanwalt, in durchaus schwieriger Zeit, Demokratie und Rechtsstaat verteidigt hat.

Wer schweigt, stimmt zu. Nehmen wir das Asyl- und Ausländerrecht: Die Kritik der Grünen am Asylbewerberleistungsgesetz ist weitgehend verstummt. Sinn dieses Gesetzes aus der Kohl/Kanther-Ära ist es, Flüchtlinge von staatlichen Sozialleistungen möglichst weitgehend auszuschließen; das Gesetz ist also ein Asylbewerberleistungsausschlußgesetz. Flüchtlinge erhalten nach diesem Gesetz erheblich weniger als das Existenzminimum; das Minimum für Flüchtlinge ist also noch minimaler als das für andere Menschen. Die Grünen gehörten zu den wenigen politischen Kräften, die das als Grundgesetzverstoß angeprangert haben. »Niemand darf wegen seines Geschlechtes, seiner Abstammung, seiner Rasse, seiner Sprache, seiner Heimat und Herkunft, seines Glaubens und seiner religiösen oder politischen Anschauungen wegen benachteiligt oder bevorzugt werden«, so heißt es in Artikel 3 Absatz 3 des Grundgesetzes. Doch ein solcher Hinweis gilt nun bei Grün nicht mehr als opportun.

Wer schweigt, stimmt zu. Also muß es den Grünen angelegen sein, den von der Regierung Kohl erklärten deutschen Vorbehalt zur UN-Kinderkonvention zu Fall zu bringen. Artikel 22 der UN-Kinderkonvention gebietet es, ausländische Kinderflüchtlinge wie deutsche Kinder zu behandeln, ihnen Zuflucht zu geben, wenn sie dem Krieg, der Verfolgung oder der Zwangsrekrutierung als Kindersoldaten entrinnen wollen. Deutschland läßt die Verpflichtungen zum Schutz der Kinderflüchtlinge nicht für sich gelten. Das reiche Deutschland hat sich losgesagt von diesen Verpflichtungen, weil es die Kosten fürchtet. Mit gutem, nein, mit schlechtem Grund hat Deutschland sich losgesagt – weil es nämlich, wenn es die Kinderkonvention erfüllen wollte, die ganze Ausländergesetzgebung positiv ändern müßte. Es wäre Zeit dafür.

Wenn der Regisseur das Textbuch wegwirft

Es ist, als hätten die Grünen im Koalitionsvertrag nicht nur ein Regierungsprogramm für die Koalition mit der SPD, sondern ihr Aktionsprogramm abschließend beschrieben: Bis hierher und nicht weiter. Anders gesagt: Was nicht im Koalitionsvertrag steht, ist nicht in der Welt. Nun ist sicher richtig, daß die Verwirklichung des Koalitionsprogramms – angesichts der Reserviertheit des Bundeskanzlers etwa beim Atomausstieg – sehr viel Energie braucht. Doch deswegen muß man sich nicht auch noch politisch kastrieren.

Es mag sein, daß Forderungen nicht heute und nicht morgen zu verwirklichen sind, wenn und weil der Koalitionspartner sich weigert. Muß man deshalb aufhören, dafür zu streiten und zu werben? Die Möglichkeit der Umsetzung von Forderungen in einer Regierung ist das eine, das langfristige Beharren auf diesen Forderungen das andere. Es wäre Aufgabe der grünen Partei, deutlich zu machen, daß sie weiter für Projekte und Forderungen steht, die über das aktuelle Regierungsprogramm hinausgehen. Statt dessen erweckt sie den Eindruck, sie habe sich davon verabschiedet. Das ist so, als würfe ein Regisseur das Textbuch für ein gutes Theaterstück weg, weil er momentan keine Möglichkeiten hat, das Stück zu besetzen.

Die grüne Partei meint, es sei Pragmatismus, sich als Regierungspartei mit dem zu bescheiden, was in der Koalition machbar sei. Wenn jedoch dabei die gesamte Politik, wenn die Hoffnungen und Visionen bescheiden werden, dann ist das Dummheit. Eine Partei ist, auch wenn sie die Regierung stellt, dafür da, über den Regierungsalltag hinaus zu denken und das Bewußtsein auch für eine Politik zu wecken oder wachzuhalten, die momentan noch nicht durchsetzbar ist – das gilt nicht nur für die Grünen. Wie will man künftige Mehrheiten für derzeit noch nicht durchsetzbare Forderungen gewinnen, wenn man diese Forderungen nicht mehr thematisiert? Wie will man neue Wähler werben, wenn man sie mit dem Koalitionsvertrag von 1998 abspeist?

Wie Seife beim Waschen

Es stellt sich die Frage: Was ist noch grün an den Grünen? Es passiert ein allmähliches Dahinschwinden, eine Art Auszehrung: Die Grünen verlieren an politischer und intellektueller Substanz – es ergeht ihnen wie der Seife beim Waschen: Sie wird immer kleiner. Es kennzeichnet das Elend der Grünen, daß ausgerechnet ein grüner Umweltminister, Jürgen Trittin, die Willfährigkeit des Kanzlers der Industrie gegenüber exekutiert. So war es bei der sogenannten Altauto-Verordnung, die – auf EU-Ebene längst ausgehandelt – die Autoindustrie verpflichtet, ihre Schrottautos zurückzunehmen. Der Kanzler indes reagierte auf den Pfiff des Autoindustriellen Piëch und gab diesen Pfiff als Weisung an Trittin weiter. Trittin mußte gegen seine Überzeugung die schon ausgehandelte Richtlinie ablehnen. Wenn Schröder also so tut, als wäre er der verlängerte Arm der Industrie, dann ist Trittin dabei sein grüner Handschuh.

Es ist dieser Mangel an Selbstachtung, der die grüne Partei in der Koalition mit der SPD zu einer bisweilen kläglichen Partei macht – und dieser Mangel ist bisweilen auch in der Person des Ministers Trittin zu besichtigen. Man wünscht der grünen Partei da und dort eine Portion Leutheusser-Schnarrenberger. Als die in der Regierung Kohl gegen ihre Überzeugung den großen Lauschangriff vertreten und die dafür notwendige Grundgesetzänderung vorbereiten sollte, trat sie als Bundesjustizministerin zurück.

Vielleicht ist es das Elend der 68er wie auch der Gründungsgeneration der Grünen, daß sie von einem Extrem ins andere fallen: Aus verweigerter Anpassung wird Über-Anpassung. Als heutiger Juniorpartner des Establishments machen sich die Grünen das früher kritisierte Verhalten der etablierten Parteien zu eigen. Aus dem moralischen Rigorismus von einst wird ein Anpassungs-Rigorismus. Wenn Integration nicht bloß zu einer Integration im staatlichen Establishment führt, sondern gar zur kompletten Assimilation, und wenn dabei der Idealismus, der bei allem Chaos früher den politischen Charme der Grünen ausgemacht hat, verschwindet – dann verschwindet die Ausstrahlung der Partei. Das ist es, was vierzig junge grüne Realos Ende Juni 1999 in einem zwar politisch unreifen, aber mit Emphase geschriebenen Programmpapier konstatiert haben. Und sie haben versucht, daraus Schlußfolgerungen zu ziehen, ähnlich wie das dann junge linke Grüne in ihrem Antwortpapier getan haben. Da mag vieles pubertär klingen – aber es sind die Reste der alten grünen Streitkultur, und da können sich die saturierten Alt-Grünen (sogenannte Realos und sogenannte Linke) durchaus wieder anregen lassen.

»Angst essen Seele auf« – so hieß 1973, in der Zeit, als die Grünen entstanden und Willy Brandt regierte, ein Film von Rainer Werner Fassbinder. Die Gefahr, die den Grünen wie den Sozialdemokraten heute gleichermaßen droht, heißt: »Regieren essen Seele auf.«

Kapitel 6

Frieden mit aller Gewalt: Der rot-grüne Krieg

Hans-Jochen Vogel, der frühere SPD-Vorsitzende und Bundesjustizminister, erzählt in seinen Memoiren von seinen ersten Erlebnissen mit den 1983 frisch in den Bundestag eingezogenen Grünen. Da gab es also, wie Vogel noch heute pikiert berichtet, einen grünen Abgeordneten, der ihm, wann immer man sich begegnete, den immer gleichen Satz zurief: »Wer hat uns verraten? Sozialdemokraten!« Das ist ein Satz aus der Weimarer Republik, die bittere Klage der Linken über das Paktieren der Sozialdemokraten mit den alten Mächten des Kaiserreichs. 1983 sollte der Satz wohl auch besagen, daß die SPD des Kanzlers Helmut Schmidt die Friedensbewegung aus der Sozialdemokratie hinausgeekelt und damit zur Gründung der grünen Partei beigetragen hatte. Den Satz gibt es heute in einer neuen Variante. Die Naturschützer, die Atomgegner, die Pazifisten – sie alle klagen darüber, wie die Partei, die sie als die ihre betrachtet haben, mit ihren Anliegen umgeht. Am konsterniertesten sind die Pazifisten.

Deutschland führte, zum ersten Mal in der Geschichte der Bundesrepublik, wieder Krieg – ohne Mandat der Vereinten Nationen, gegen das Völkerrecht, aber, wie es heißt, für die Menschenrechte im Kosovo. Und ein Teil der Ur-Klientel der Grünen, der dem Satz »Frieden schaffen ohne

Waffen« vertraut und sich eine daran orientierende Regierungspolitik erhofft hatte, sah in ohnmächtigem Zorn, wie sich dieser Krieg ausweitete, wie er mehr und mehr die Zivilbevölkerung traf und wie er neues Unglück über die Menschen brachte, die er schützen wollte – die Flüchtlinge aus dem Kosovo. Und das Entsetzen über diesen Krieg und darüber, was er anrichtete, entlud sich in einer neuen Antwort auf die alte Frage: »Wer hat uns verraten?« Die heutige Antwort, so hieß es jetzt, »die heutige Antwort reimt sich nicht mehr«.

Sind die Grünen sich, ihren Versprechungen und ihren Wählern untreu geworden? Hätte jemand bei einem der Grünen-Parteitage früherer Jahre behauptet, ausgerechnet die erste rot-grüne Regierung in Bonn würde Friedensfähigkeit vorrangig als Kriegsführungsfähigkeit begreifen – er wäre als Spinner verlacht worden. Hätte jemand (noch im Jahr 1998) angekündigt, daß ein sozialdemokratischer Kanzler, ein grüner Außenminister und ein sozialdemokratischer Verteidigungsminister den Kampfeinsatz der Bundeswehr gegen einen souveränen Staat befehlen würden, man hätte ihn ins Narrenhaus gebracht.

Warum der Pazifismus sich schwertat

Am Anfang des Bombardements war das grüne Gefühl gemischt – es reichte von verhaltener Zustimmung zum Krieg über Verunsicherung bis hin zum Schock. Zustimmung wie auch Verunsicherung hatten ihren Grund: Die deutschen Befürworter und Betreiber des Krieges – bei den Grünen vor allem Joschka Fischer – hatten die Moral für sich requiriert. Fischer und noch mehr Rudolf Scharping von der SPD warben für den Krieg zum Schutz der Menschenrechte wie vor 900 Jahren Papst Urban für den Kreuzzug zum Schutz des Heiligen Landes. Damals hieß es »Deus lo vult – Gott will es« – heute heißt es »Für die Menschenrechte«. Vor allem in der grünen Partei, für die der Satz »Politik ohne Moral ist unmoralische Politik« zu den Traditionsbeständen zählt, sahen sich die Gegner des Krieges plötzlich auf die Seite der Unmoral geschoben, gerade so, als wäre Kriegsgegnerschaft Unterstützung für die verbrecherische Vertreibungspolitik des jugoslawischen Präsidenten Milosevic. Der grüne Bundestagsabgeordnete Christian Ströbele wurde von Fischer rüde gerüffelt, als er nur den Mund aufmachte. Erst später erkannte auch Fischer, daß er eigentlich dem Kritiker dankbar sein müßte, weil der deutlich machte, daß die Kriegskritiker nach wie vor bei den Grünen eine Heimat haben können.

Die Argumentation am Beginn des Krieges war atemberaubend simpel: Dort, im Kosovo, war Not – und von hier, von Deutschland, von der Nato, kam Hilfe. Also war der Krieg gegen Jugoslawien eigentlich gar kein richtiger Krieg, keine Aggression, sondern ein Akt der Nothilfe – deshalb der Name »humanitäre Intervention«. Kaum jemand fragte (wie es bei Notwehr und Nothilfe selbstverständlich ist) nach der Geeignetheit des Mittels. Fast schien es so, als würde in Kürze neben die Straftatbestände des Haus- und des Landfriedensbruchs noch eine neue Strafvorschrift des »Burgfriedensbruchs« treten: »Jeder, der es unternimmt, den innenpolitischen Burgfrieden über die Richtigkeit, Wichtigkeit und Rechtmäßigkeit des Krieges zu stören, wird mit Freiheitsstrafe bis zu drei Jahren oder mit Geldstrafe bestraft.« Manchmal meinte man auch schon, es sei eine Neuauflage des Berufsverbots in Vorbereitung: Jeder, der den Krieg kritisiert, ist ungeeignet für den öffentlichen Dienst. Die herrschende Meinung in Politik und Öffentlichkeit tat so, als wäre der Kosovo-Krieg ein »sauberer Krieg«, der nur militärische Ziele bekämpfte, und als wäre deshalb jede Kritik an diesem Krieg unsauber und verwerflich.

Die Nothilfe galt per se als gut. Erst als das gutgemeinte Bombardement die Lage im Kosovo eskalieren ließ, wurde, erst ganz vorsichtig, die Frage laut: Hilfe, aber wie? Wenn Bomben nichts helfen, helfen dann noch mehr Bomben? Wenn Krieg nicht hilft, hilft dann noch mehr Krieg? Muß der, der wie die Nato A gesagt hat, auch B sagen oder kann er auch »Aufhören« sagen? Der Papst sagte: Aufhören! Er sagte das nicht nur, weil gerade Ostern war. Er sagte das mit der gereiften Weisheit einer Institution, die es seit den Tagen Kaiser Neros gibt und die in anderen Zeiträumen denkt, als es Regierungschefs tun – und die in ihrer Geschichte schon fast alle Fehler gemacht hat, die man nur machen kann, und daraus wohl auch viel gelernt hat. Vor neunhundert Jahren hatte der erste Kreuzzug, nach heutigem Sprachgebrauch wohl eine Art humanitäre Intervention, Jerusalem erobert. Segen ruhte darauf nicht. Die Forderung des Papstes nach einer Waffenruhe wenigstens an den Osterfeiertagen wurde von der Nato brüsk zurückgewiesen. Man schalt den Vorschlag als naiv. Vielleicht war es aber noch naiver, darauf zu vertrauen, daß noch mehr Krieg das Kosovo befrieden kann.

Der Pazifismus tat sich schwer. Diesmal war er keine Massenbewegung. Man sah ihn nicht in der *Tagesschau*. Er lief nicht mit Plakaten durch die Fußgängerzonen. Er saß nicht mit Plakaten vor den Eingangstüren der Kasernen. Das war damals, anders gewesen, damals 1981, im Bonner

Hofgarten, in der Zeit der Menschenketten und Friedensfackeln, als es darum ging, die Nachrüstung zu verhindern. Damals, als die halbe Republik aus atomwaffenfreien Zonen bestand und jeder zweite Deutsche große Sympathien für die Friedensbewegung hatte. Damals konnte man da hineinschlüpfen wie in Jeans und Pullover – und schon gehörte man dazu: Frieden war machbar, Herr Nachbar. Der Sticker mit der weißen Taube auf blauem Grund war seinerzeit auch eine Art Mitgliedsausweis für eine Massenbewegung, die ihre eigene Sprache hatte, ihre Musik, ihre Mode. Pazifismus war Lifestyle, die Mehrheitskultur der achtziger Jahre.

Ja, so war es ehedem; dieser Pazifismus war bequem. Man konnte ihn kauen wie einen Kaugummi, er schmeckte irgendwie nach Protest und irgendwie nach Dazugehören. Doch diese Aromastoffe sind weg; sie wirken bekanntlich nur kurzzeitig erfrischend. Dieser Pazifismus wurde deshalb von vielen alsbald wieder ausgespuckt. Und die, die ihn besonders genüßlich gekaut hatten damals, taten und tun dies besonders angewidert; und sie schauten und schauen jetzt mit Verachtung auf die, die Pazifisten geblieben sind, obwohl es nicht mehr Mode ist.

Sie reden nun, als Bellizisten, oft mit der gleichen Häme von den »Friedfertigen« und »Tagträumern«, mit der sie früher über Spießer und Amerikaner geredet haben. Es fällt die Inbrunst auf, mit der sie das Gegenteil dessen predigen, was sie gestern gefordert haben – aber auch das wieder im Namen der Humanität: Aus »Frieden schaffen ohne Waffen« wird »Frieden – mit aller Gewalt«.

Stellt euch vor, es ist Krieg und die Friedensbewegung nicht mehr da: Der Kalauer aus der Golfkriegszeit war 1999 Realität. Was einmal »die Friedensbewegung« war, ist heute so zerstückelt, zerstritten und verfeindet wie die Teile des ehemaligen Vielvölkerstaats Jugoslawien. Und die Pazifisten sind wieder das, was sie immer waren: eine unverstandene, radikale Minderheit; und der Pazifismus ist auch wieder das, was er schon so oft war, nämlich Prügelknabe: Die Politik des langen Zuschauens, die Appeasement-Politik der westlichen Vermittlungsmächte in Ex-Jugoslawien, wurde in der öffentlichen Debatte gern mit Pazifismus gleichgesetzt. Die Befürworter des Krieges taten erfolgreich so, als gäbe es nur diese Alternativen: das Nichtstun, das sie mit dem Pazifismus gleichsetzten, oder die kriegerischen Aktivitäten.

»Quidquid agis, prudenter agas et respice finem.« Das ist kein Satz aus dem Fundus des Pazifismus, sondern der praktischen Vernunft. Er geht zurück auf Herodot, der den athenischen Staatsmann Solon zu König Krösus sagen läßt: »Was du beginnst, beginne klug – und bedenke das Ende.« Wer bei den Regierungs-Grünen den Kosovo-Einsatz so hinterfragte, der zog sich den Zorn des Außenministers zu. Vor acht Jahren hatte Joschka Fischer noch den Satz gesagt: »Ich wünsche mir, daß unsere Partei die Kraft hat, daß dort genügend Pazifisten sitzen, um eine andere, friedensbezogene Außenpolitik ohne Militär machen zu können.« Daß der Außenminister Fischer heute keine Außenpolitik ohne Militär macht, muß man ihm nicht zum Vorwurf machen; daß er andere Meinungen nicht mehr duldet, schon.

Humanitäre Intervention mit inhumanen Mitteln

»Süß ist der Krieg für die, die ihn nicht erfahren haben.« – Das Wort hat der Humanist Erasmus von Rotterdam vor fünfhundert Jahren den Bellizisten seiner Zeit entgegengeschleudert. Es wäre wohl unfair, diesen Satz dem deutschen Bundeskanzler, seinem Außen- und seinem Verteidigungsminister entgegenzuhalten. Niemand von ihnen schrie Hurra, alle waren in diesen Kriegseinsatz im Kosovo voller Bedenken hineingegangen; sie hielten ihn aber für einen gerechten, für einen aus humanitären Gründen gebotenen Krieg. Erasmus hätte sie wohl anders gefragt: Wie human ist eine humanitäre Intervention mit inhumanen Mitteln? Und er hätte vielleicht die Nato-Länder zur Selbstprüfung aufgefordert und daran erinnert, daß auch moralisch begründete Interventionen keine saubere Geschichte haben: In Vietnam haben die USA angeblich die »Freiheit« verteidigt, in Grenada wurden nicht-existierende Geiseln befreit.

Der Pazifismus ist keine politische Kraft mehr in Deutschland; er ist auf der politischen Bühne nicht einmal mehr als Statist präsent. Daß das so ist, liegt auch an den Grünen: Sie haben den Pazifismus sogar aus ihrem Souffleurkasten zu vertreiben versucht. Fragen mit pazifistischem Grundansatz gelten in den grünen Bonner Fraktionssitzungen als degoutant. Joschka Fischer erschlägt sie gern mit der Bemerkung, da melde sich der »PDS-Flügel« seiner Partei zu Wort. So wird der Pazifismus diskreditiert, so wird er vertrieben aus einer Partei, die ihm lange Heimat gegeben hat.

In der SPD kritisierte Anfang Mai 1999 der Abgeordnete Hermann Scheer, Mitglied im Parteivorstand, die Kriegsführung wegen Verletzung des Kriegsvölkerrechts. Kanzler Schröder reagierte darauf mit der Frage: »Bin ich also ein Kriegsverbrecher?« Scheer bog die Eskalation mit der Bemerkung ab, er wolle seine Kritik nicht personalisieren. In Jugoslawien freilich ging die Eskalation weiter.

Darf es in einer Regierung Meinungsverschiedenheiten geben? Das ist eine merkwürdige Frage – weil das Publikum solche Meinungsverschiedenheiten bei jedweder Regierung tagtäglich erlebt. Die Steuerpolitik, die Wirtschaftspolitik, die Atompolitik: es gibt kaum ein Regierungshandeln, kaum ein Gesetz, das nicht durch Meinungsverschiedenheiten innerhalb der Regierung geformt und geschliffen wird. Soll das ausgerechnet für so elementare Fragen wie Krieg und Frieden nicht gelten? Im Bundestag hat es auf Antrag der FDP tatsächlich eine Debatte darüber gegeben, ob Gila Altmann, grüne Staatssekretärin im Umweltministerium, wegen ihrer Kritik am Krieg abgelöst werden soll. Kritik an der Außenpolitik wurde sozusagen als Verrat interpretiert, ja, fast als Sakrileg betrachtet. Solche Eiferei war verdächtig. Sie zeigte möglicherweise an, daß die große Parteienallianz sich ihrer Sache gar nicht so sicher war, wie sie tat.

Joschka Fischer war unter dem Eindruck von Srebrenica, also des Massenmordens vor den Augen der UN-Soldaten, vom Paulus zum Saulus geworden – und er hat diese Wandlung nie verborgen. Unter dem Eindruck von Srebrenica hat er, und nicht wenige taten es ihm gleich, eine neue Doktrin formuliert: Einsatz militärischer Mittel als Ultima ratio gegen Menschenrechtsverbrechen, als letztes Mittel also, wenn vermeintlich kein anderes Mittel mehr hilft. Das ist ein ehrenwertes Motiv – so ehrenwert wie die Überzeugung der anderen, die nicht daran glauben können, daß es bei der Ultima ratio bleiben wird. Diese Skeptiker haben und hatten immerhin die schlechte Erfahrung mit solcher Art von Argumentation auf ihrer Seite. Und neue Argumente wuchsen ihnen im Lauf des Bombardements zu – als die Bomben Flüchtlinge trafen, deren Schutz die Nato versprochen hatte, als die Raketen Kinder, Frauen und Männer töteten, Brücken und Wohnhäuser zerstörten; als die Nato die Schädigung der Zivilbevölkerung hinnahm.

Die Nato-Bomben haben nicht nur die chinesische Botschaft in Belgrad getroffen. Sie haben nicht nur auf dem Marktplatz der südserbischen Stadt Nis eingeschlagen. Sie haben den uralten Fragen des Rechts im Krieg neue Schärfe gegeben: Darf man alle Brücken zerstören? Wann und wie darf Zivilbevölkerung in Mitleidenschaft gezogen werden? Die technischen Mittel zur Kriegsführung haben sich seit dem Dreißigjährigen Krieg verändert, die rechtlichen Grundfragen nicht. Ob Splitterbomben oder Brunnenvergiftung: Es geht immer darum, wie man in einem inhumanen Gesamtzustand für gewisse humanitäre Grundregeln sorgen kann. Darüber, über das Wie eines Krieges also, hat man sich schon sehr viel früher Gedanken gemacht als über die Frage, wann ein Krieg geführt werden darf. Ausgerechnet dieser uralten Frage über das »Wie« wegen wurde der Nato-Krieg aber auch in den Augen derjenigen mehr und mehr diskreditiert, die ihn am Anfang grundsätzlich befürwortet hatten: Die Kritiker – und darunter war ein großer Teil der ersten Garde der deutschen Völkerrechtler – monierten, daß die Nato die gebotene Unterscheidung zwischen zivilen Objekten und militärischen Zielen nicht gewissenhaft genug vornehme. Doch im Krieg stirbt die Wahrheit zuerst – selbst die juristische. Die katastrophale Informationspolitik der Nato hat sie schnell zugeschüttet. Als das nicht mehr ging, beschwichtigte die Nato und redete sich letztlich auf das Argument hinaus, daß da, wo nun einmal gehobelt werden müsse, auch Späne fielen. Die Nato nannte diese Späne Kollateralschäden und bedauerte sie sehr. Doch davon wurden die Zerstörungen nicht wieder beseitigt und die versehentlich bombardierten Flüchtlinge nicht lebendig.

Nun darf über diesen Folgen der Nato-Angriffe nicht vergessen werden, welche Greueltaten Milosevic begangen hatte und begehen ließ. Man muß also die Kausalitäten im Auge haben: Die Flüchtlinge flohen nicht wegen der Nato, sondern wegen Milosevic. Gleichwohl: Von einer Streitmacht, die, wie die Nato, aus humanitären Gründen antritt, muß man erwarten, daß sie die humanitären Regeln des Kriegsführungsrechts so hoch hält, wie es nur irgend geht. Das war nicht der Fall. Die Nato nahm die Beschädigungen ziviler Objekte zumindest billigend in Kauf oder handelte teilweise, um Milosevic zu zermürben, sogar mit direktem Vorsatz. Der Nato-Krieg wurde gern (weil man ahnte, daß das Recht zur Kriegsführung auf wackeligen Beinen stand?) mit einem Polizeieinsatz verglichen. Dieser Vergleich ist interessant, führt aber auch nicht zu einer positiveren Bewertung des Vorgehens: Was würde man von einer Polizei sagen, die, um eine Geiselnahme zu beenden, das Viertel abbrennt, in dem sie geschieht? Die Verantwortlichen müßten sich umgehend verantworten.

Nicht die Nato und nicht Deutschland stünden im Krieg mit Jugoslawien, so hat man es im Bundestag von den Rednern der Regierung und der CDU/CSU-Opposition hören können; lediglich Milosevic führe Krieg gegen sein eigenes Volk. Solches Argumentieren war wohlmeinende Camouflage, mit der die Politik auf die Ängste der deutschen Bevölkerung, vor allem der älteren, reagierte – derjenigen nämlich, die schon einen Krieg erlebt hat. Genau für Menschen mit dieser Erfahrung dürfte es beklemmend gewesen sein, im Bundestag von den Rednern der großen Parteien und der FDP die Ritualformeln von der »nahtlosen Geschlossenheit« und der »schicksalhaften Auseinandersetzung« zu hören. Es sind Wörter, die altes Leid wachrufen – so wie auch der Dank an die deutschen Soldaten, den kaum ein Bundestagsredner vergaß, an altes Leid erinnert hat. Überhaupt zeigte sich, daß die Wörter, die die Redner fanden, wie Schnittlauch auf den unterschiedlichsten Suppen schwammen: Sowohl Außenminister Joschka Fischer als auch der PDS-Fraktionschef Gregor Gysi sprachen im Bundestag davon, daß »die Logik des Krieges durchbrochen« werden müsse. Und trotz dieser verbalen Übereinstimmung hätten ihre Reden nicht unterschiedlicher sein können.

Wer kämpft für das Recht, der hat immer recht

»Wer kämpft für das Recht, der hat immer recht.« So hat man einst in der DDR das Loblied der SED gesungen. Nicht nur wegen dieses Ursprungs ist dieser Satz falsch. Er ist deswegen falsch, weil auch der beste Zweck nicht jedes Mittel heiligt. Deshalb gilt: Auch der, der für das Recht kämpft, hat nicht immer recht. Wer also, wie die Nato-Staaten, zum Schutz der Menschenrechte Raketen fliegen und Bomben abwerfen läßt, der muß sich immer wieder kritisch fragen und fragen lassen, ob er noch recht handelt. Wer Krieg führt mit der Humanität im Panier, der muß Völkerrecht penibel beachten. Für Milosevic gilt: Wer Haß sät, wird Sturm ernten. Die Umkehrung dieses Satzes freilich lautet: Wer Krieg sät, wird Haß ernten. Europa muß sich mit aller Kraft darum bemühen, daß dies nicht eintritt; der Frieden hat sonst keine Chance.

Dieser Pflicht wird man nicht dadurch gerecht, daß man die immer gleichen Sätze wie ein Mantra wiederholt. »Es mußte gehandelt werden ...« – »... dem Diktator muß gezeigt werden ...« Solche Sätze, wie sie Gerhard Schröder am 22. April 1999 in seiner Regierungserklärung im Bundestag sagte, genügen der Begründungspflicht eines Bundeskanzlers nicht. Und der Satz seines Außenministers, daß man nicht Krieg gegen das serbische Volk, sondern Krieg für die Menschenrechte führe, entsprach sicher der tiefen Überzeugung von Joschka Fischer. Die Menschen in Jugoslawien werden das der Nato aber nicht geglaubt haben. Für sie war dieser Satz angesichts zerbombter Heizkraftwerke, zerschossener Fabriken und zerstörter Brücken eine Lüge wider den Augenschein. Und in der Tat war und ist es so: Die Anforderungen an die Begründungspflicht für den Kriegseinsatz wachsen, je länger er dauert. Das ist so ähnlich wie bei einer riskanten Krebsbehandlung: Wenn Risiken und Nebenwirkungen wachsen, überhandnehmen, ja, unkontrollierbar werden – dann muß die Therapie umgestellt oder abgebrochen werden. Sich solchen Überlegungen zu stellen gehört zur ärztlichen Kunst – und zur Verantwortung des Politikers. Ansonsten kann das passieren, was den USA in Vietnam passiert ist: Als Henry Kissinger sein Amt als Chef des Nationalen Sicherheitsrats antrat, veröffentlichte er einen Artikel, in dem es hieß, die Vereinigten Staaten seien in Vietnam, weil sie nun einmal da seien. Vor solch fatalen Entwicklungen schützen rechtzeitige kritische Fragen, die zur Selbstvergewisserung zwingen – und es schadet daher, wie gesagt, nichts, wenn Kritik am Regierungshandeln auch aus der Regierung kommt. Nur: Von da kam wirklich fast nichts. Die Angst der Partei- und Fraktionsführungen vor Kritik war kein Zeichen von Stärke, sondern von eklatanter Schwäche und Unsicherheit. Kritiker wurden betrachtet, als wären sie Deserteure.

Dabei stehen ja bekanntlich Deserteure hoch im Kurs – aber nur, wenn sie aus der richtigen Armee desertieren. Die Nato maß ihren Kriegserfolg in Jugoslawien auch daran, wie viele junge Männer sich der Milosevic-Armee verweigerten. Doch freilich: Die Anerkennung durch Militärs und Politiker der Nato reichte nicht sehr weit. Sie galt nur, solange die Deserteure irgendwo in Montenegro oder in der Vojvodina untertauchten. Kamen sie näher, begehrten sie gar Asyl, war es vorbei mit Freundlichkeit und Anerkennung: Asyl erhielten sie nicht.

Auch die Kosovo-Albaner standen hoch im Kurs in der westlichen Politik – solange sie nicht danach trachteten, in einem Staat der EU Aufnahme zu finden. Unten, in und um Jugoslawien, wurden sie geschützt, was das Zeug hielt, mit Bomben und Raketen und, wenn es nicht anders ging, ohne Rücksicht auf Verluste unter der Zivilbevölkerung. Solcher Flüchtlingsschutz kostete offensichtlich so viel Geld und Kraft, daß es für anderweitige Fürsorge leider kaum noch reichte. Die psychische Belastbarkeit der kriegführenden Regierungen war durch den Krieg erschöpft, man wollte sich nicht auch noch mit großzügiger Asylgewährung für Kosovo-Flüchtlinge belasten. Und so war das Bombardement der Versuch, etwas für Flüchtlinge zu tun, ohne daß die eigenen Länder mit ihnen spürbar belastet wurden.

»Von der Bundesregierung werden nicht Fragen erwartet, sondern Antworten.« Schröder hat das auf dem SPD-Parteitag Mitte April 1999 richtig festgestellt. Aber diese Antworten hat er nicht geben können. Nirgendwo war eine Antwort darauf, wie Frieden erwachsen soll aus der Zerstörung eines Landes; da war allenfalls der Hinweis auf einen neuen Marshallplan, der nach dem Sieg über Milosevic aufgelegt werden soll. Schröder und Scharping brachten es aber damals, auf dem Parteitag, mit ihrer unprätentiösen Ernsthaftigkeit zuwege, Zweifel an ihrem Kurs zu besänftigen und die Partei zu gewinnen. Bei ihrer Werbung für die Fortsetzung der Luftangriffe vermieden sie es, in die moralische Schwärmerei zu verfallen, die Bellizisten sonst gern den Pazifisten vorwerfen, die aber während des Kosovo-Krieges Kennzeichen der Bellizisten war. Am Parteitag taten aber weder Schröder noch Scharping so, als wäre der Nato-Angriff die moderne Übersetzung der Bergpredigt; sie vermieden es, so zu tun, als wären die wahrhaft Friedfertigen diejenigen, die Bomben werfen. Sie gestanden ein, nicht zu wissen, was sie sonst tun sollten, als darauf zu warten, daß Milosevic irgendwann nachgibt.

Dieses Eingeständnis hätte auch ein Armutszeugnis sein können, die meisten Delegierten aber empfanden es nicht so. Es war nämlich ein ehrliches, fast lutherisches Bekenntnis: Hier stehe ich, ich kann nicht anders. Vermutlich hätten noch mehr Delegierte ganz gern anders gestimmt, als sie es taten – nämlich für den Versuch, das Bombardement sofort zu beenden, um dann die Chancen für einen Frieden auszuloten, so wie es die Parteilinken gefordert hatten. Sie getrauten es sich nicht, weil sie die Selbstsicherheit ihres neuen

Parteivorsitzenden und die Selbstgewißheit seiner Bundesregierung nicht aufs Spiel setzen wollten.

»Verantwortung« hatte das Motto des SPD-Parteitags geheißen. »Verantwortung« stand, als handelte es sich um einen Merkzettel, auch auf das Rednerpult geschrieben. »Verantwortung« war das Leitmotiv der Reden von Schröder und seines Verteidigungsministers Scharping – kein anderes Wort wurde an diesem Parteitag öfter in den Mund genommen. Fast zu oft, fast zu viel sprach Schröder von dieser Verantwortung, es hätte auch hohles Pathos daraus werden können. Es gelang dem auf diesem Parteitag gewählten neuen Parteivorsitzenden, dies zu vermeiden, es gelang ihm ein Gesellenstück: Er packte die sozialdemokratischen Zentralbegriffe »Solidarität« und »Internationalität« und stellte sie mitten in das Kosovo: Er forderte Solidarität mit den geschundenen Kosovo-Albanern, und er reklamierte die sozialdemokratische Internationalität zur Rechtfertigung der Luftangriffe. Das war mutig, aber so weit weg von allem Hurra-Geschrei, daß auch die Kritiker im Saal ihm nicht unterstellen mochten, daß er sich leichtfertig in dieses Abenteuer begeben habe.

Bei der Wahl zum neuen Parteivorsitzenden mußte Schröder zwar das zweitschlechteste Ergebnis hinnehmen, das je ein SPD-Parteivorsitzender in der Nachkriegszeit erzielt hat. Gleichwohl war es ein Erfolg für ihn. Der Erfolg bestand darin, daß eine große Mehrheit seiner Partei ihm das Reden von »Verantwortung« und »Solidarität« abnahm, obwohl er diese Wörter nicht ausfüllen konnte. Die Delegierten blieben nicht unbeeindruckt davon, daß der Kanzler auftrat, als gäbe es den alten Schröder nicht mehr. Begleitet von beschwörenden Gesten, sprach Schröder von Verantwortung und immer wieder von Verantwortung. Und sein

Erfolg war, daß der Parteitag ihm das glaubte – auch wenn viele Delegierte viel mehr Skrupel hatten als er.

Der alte Schröder war weit weg. Es war eine Mischung aus Pragmatismus, unbekümmerter Entschlossenheit und Bedenkenlosigkeit, mit der Schröder als Kanzlerkandidat kokettiert und die er in den ersten hundert Kanzlertagen unter Beweis gestellt hat. Diese Attitüde hatte Schröder abgelegt, jedenfalls für diesen Sonderparteitag, jedenfalls solange er über den Kosovo redete. Das war die Grundlage für seinen Erfolg auf dem Parteitag. Sicherlich: Die Partei glaubte und glaubt Schröder, sie folgte und folgt Schröder, weil sie es will und weil sie es muß, weil sie gar keinen anderen Vorsitzenden hat als ihn – auch diese Notlage spiegelte sich im Wahlergebnis des Parteitags wider. Sie folgte ihm aber auch deswegen, weil dieser Schröder ein anderer Schröder zu sein schien, als man ihn bisher kannte. Er war kein Bruder Leichtfuß; jedenfalls hatte er diese Haltung abgelegt.

Kriegsparteitag Nr. 2

Wäre noch die Regierung Kohl an der Macht gewesen – nie hätte sich ein SPD-Parteitag der Nato-Angriffe auf Jugoslawien gefügt, von den Grünen ganz zu schweigen. Aber auch die Delegierten der grünen Partei haben sich mehrheitlich gefügt, wenn auch mit Mahn- und Beschwörungsformeln. Die Umstände des Kriegsparteitags der Grünen am Himmelfahrtstag in Bielefeld waren freilich viel dramatischer als einen Monat zuvor bei der SPD in Bonn. Der grüne Parteitag in Bielefeld fand unter Bedingungen statt, die sich kaum eine andere Partei zugemutet hätte. Die CDU hätte das Gelände weiträumig absperren, die SPD hätte jeden Teilnehmer filzen lassen. Die Grünen haben das, ob vorsätzlich oder fahrlässig, nicht gemacht: Sie haben sich, gerade so, als handelte es sich um einen Akt verschärfter Selbstprüfung, ja der Selbstgeißelung, einer pfeifenden und tobenden Menge gestellt. Sie haben sich einkreisen lassen von lärmenden Demonstranten und haben so den Parteitag im Bielefelder Kessel durchgestanden, manche stolz, manche zweifelnd, manche verletzt, manche weinend – aber im Gefühl, daß man sich der Konfrontation nicht entziehen darf: nicht der Konfrontation mit dem Krieg in Jugoslawien und nicht der Konfrontation mit dem Vorwurf, man gehöre, als Teil der Bonner Koalition, zu den »Mördern« und »Kriegshetzern«.

Es war ein dramatischer Parteitag. Aber das Drama spielte sich nicht nur draußen vor der Bielefelder Seidensticker-Halle ab und nicht nur auf deren Rängen, nicht nur dort also, von wo sich Unmut und auch Pöbelei auf die Delegierten ergossen. Das Drama war nicht nur der Farbbeutel gegen Joschka Fischer, der ihn schmerzhaft verletzte und dessen Spuren der Außenminister nach erstem Erschrecken trug wie den Orden Pour le Mérite. Farbbeutel, Trillerpfeifen, Sprechchöre, das alles waren Attacken von außen: ein lauter, vorlauter und auch anmaßender Protest, wie ihn die Grünen gut kennen, weil sie ihn in alten Tagen gern selbst geübt haben; und deshalb spürten sie, daß sie ihn ertragen mußten. Wie sie das ertragen haben, das war das stille, das eigentliche Drama des Parteitags.

Die grünen Delegierten litten gemeinsam: die einen, weil sie sich eigentlich in der Ablehnung des Krieges mit den Demonstranten einig wußten; die anderen, weil sie sich von ihnen beleidigt und verhöhnt fühlten. Es war Mut, sich solcher Demütigung zu stellen. Genau deswegen kam es zu einem disziplinierten, konzentrierten und ernsthaften Ringen darüber, wie man aus dem Krieg in Jugoslawien wieder herauskommt. Es war eine Folgenbeseitigungsdebatte, also eine Debatte darüber, wie man mit den Folgen eines Fehlers, also der Entscheidung für den Nato-Krieg, umgeht. Es war kaum eine Debatte darüber, ob und wie man einen solchen Fehler künftig vermeiden kann oder will. Es war also keine Grundsatzdebatte über Krieg und Frieden, Völkerrecht und Gewaltverbot, sondern eine punktuelle Debatte. Aber schon die war schwer genug – und die andere ist nun, da der Kosovo-Krieg vorbei ist, noch zu führen.

Der »linke Flügel« der Partei (ist Frieden eigentlich »links«? Und sind die Ur-Grünen und die »Christinnen und Christen bei den Grünen« schon deswegen links, weil sie radikal für den Frieden sind?) habe, so heißt es, beim Parteitag eine Niederlage erlitten, die Partei sei nun zerrissen. Indes: Sie ist nicht zerrissener als früher. Schon das Zustandekommen dieses Kosovo-Parteitags war ein Erfolg der Kriegsgegner. Und es war auch ihr Erfolg, daß der vom Parteivorstand vorgelegte und schließlich siegreiche Antrag eine Feuerpause der Nato im Kosovo forderte. Ohne die Kriegskritik aus der Partei, die sich noch in vielen Anträgen des Parteitags gespiegelt hat, hätte es einen solchen Kompromiß nicht gegeben. Der grüne Parteitag hat immerhin nicht (wie es SPD und CDU taten) einfach »Weiter so, Nato« gesagt. Außenminister Fischer hat vielmehr einen klaren Auftrag erhalten: eine Kriegspause zu erreichen.

Er hat sich freilich für diesen Auftrag geniert. Und die Partei- und Fraktionsführung hat sich deswegen auch gescheut, den Auftrag des Parteitags als Antrag im Bundestag einzubringen. Fischer – der als Außenminister seine großen Verdienste bei der Beendigung des Krieges im Kosovo hat – ging auf Distanz zu seiner Partei wie ein Parvenü zu seiner Verwandtschaft. Er tat so, als müßte er trotz des Beschlusses seiner Partei gute Kosovo-Politik machen, statt diese Politik, auch getragen von seiner Partei, zu verwirklichen. Und deshalb beendete der Parteitag und später der Frieden im Kosovo die Entfremdung zwischen den Pazifisten und den Grünen nicht – eine Chance dafür hätte bestanden, weil die Diskussion, die sich die Partei zugemutet hat, Fundament für eine neue Selbstfindung hätte sein können. Sie wurde nicht genutzt.

Beide Regierungsparteien, SPD wie Grüne, haben, wenn auch in unterschiedlicher Intensität, mit sich und dem Krieg gerungen. Beim CDU-Parteitag war das ganz anders. Zwar behauptete der CDU-Vorsitzende Wolfgang Schäuble, seit dem Kosovo-Krieg gebe es eine neue Ernsthaftigkeit in der deutschen Politik. Auf dem CDU-Parteitag im April 1999 war davon wenig zu spüren gewesen. Die Kosovo-Debatte der CDU geriet zur Pflichtveranstaltung vor einem halbleeren Auditorium. Die CDU diskutierte (Volker Rühe, Heiner Geißler und ganz wenige andere ausgenommen), als ginge es nicht um den ersten Krieg mit deutscher Beteiligung seit 1945, sondern darum, eine Resolution gegen Unruhen in Osttimor zu verabschieden. Ganze zehn Redebeiträge gab es zu einem Thema, das angeblich die Partei bewegte wie kein anderes. Der CDU-Parteitag stand also, im Gegensatz zu seinem Motto, nicht »mitten im Leben«.

Drei Stunden Kosovo: schläfriges Desinteresse bei den CDU-Delegierten. Der Satz, mit dem Wolfgang Schäuble in seiner Rede die Europapolitik der Regierung Schröder kritisiert hatte, galt, was den Kosovo-Krieg angeht, für seine eigene Partei: »Oberflächlichkeit auch da, wo wirklich tief gepflügt hätte werden müssen.« Man tat den Delegierten wohl nicht unrecht, wenn man ihnen unterstellte, sie seien überwiegend damit zufrieden gewesen, daß für den Krieg ja die anderen, die Rot-Grünen, zuständig seien. Der Vortrag des Vorsitzenden Schäuble hätte eine bessere Debatte verdient gehabt. Seine Rede war zwar im Allgemeinen von ziemlicher Belanglosigkeit; im Speziellen aber, zum Kosovo-Krieg, war sie von bemerkenswerter Differenziertheit und Subtilität: Sie war eine Mahnung an die Bundesregierung, Kosovo-Politik nicht im Affekt zu betreiben, sie war eine Warnung vor der Ausweitung des Krieges, und sie war die Aufforderung an den Bundeskanzler, Loyalität im Nato-Bündnis nicht als »blinde Gefolgschaft« mißzuverstehen. Wer hätte sich das je gedacht: Ein CDU-Vorsitzender ermahnt eine rot-grüne Regierung zu ein bißchen Distanz und Kritikfähigkeit gegenüber der Nato und den USA!

Mehr noch: Etliche CDU-Politiker haben es sich (wenn auch nicht auf der Bühne des Parteitags) erlaubt, differenzierter und nachdenklicher über den Kriegseinsatz zu reden, als dies Schröder & Co. getan haben. Ex-Verteidigungsminister Volker Rühe beklagte eine »Überanpassung der Bundesregierung« an die Nato und die USA. Und die Bundestagsreden von Karl Lamers, dem außenpolitischen Sprecher, sind des Nachlesens wert. Er hat sich zu Krieg und Frieden die skrupulösen Gedanken gemacht, die auch einem Verteidigungsminister Scharping gut angestanden hätten. »Unser Gewissen«, so hat Karl Lamers, der außenpolitische Sprecher der Union, in beeindruckender Rede am 15. April 1999 im Bundestag gesagt, könne angesichts der »moralischen Motive ... ruhig sein« – gleichwohl gestand er, daß »unser Herz nicht darauf hören will«.

Pazifismus der konsequenten, der radikalen Art hat heute freilich, das zeigte sich während des gesamten Kosovo-Krieges, nirgendwo eine seriöse politische Heimat. Franz von Assisi hätte es also heute schwer – selbst bei den Grünen; in jeder anderen Partei natürlich auch; in den Parteien, die das »Christlich« im Namen führen, gleich gar. Man muß den Pazifismus der radikalen Art überhaupt nicht für richtig halten – und es gleichwohl wichtig finden, daß er eine seriöse politische Heimat hat.

Die Pazifisten sind still geworden, aber nicht untätig; ihr Pazifismus läuft einem nicht mehr über den Weg, er ist nicht spektakulär, und er eignet sich nicht für Schlagzeilen. Die Pazifisten von heute arbeiten bei Pax Christi oder in der Aktion Sühnezeichen, sie reden über Strategien ziviler Konfliktbewältigung, und sie wissen, wie lächerlich es wäre, in den Fußgängerzonen gegen Milosevic zu demonstrieren. Ihr Pazifismus sieht anders aus: so wie »Refugio«, das Zentrum für Folteropfer in München. Vergewaltigten Frauen zu helfen ist aber lange nicht so populär wie der Ruf nach einem Waffeneinsatz.

Pazifismus ist der unendlich mühselige Versuch, einen dicken Knoten aufzuknüpfen. Die Forderung, den Knoten schnell zu durchschlagen, war und ist einfacher. Doch die Lehre des Kosovo-Krieges lautet so: Mit dem Drauf- und Durchschlagen ist nicht viel gewonnen. Unmittelbar nach dem Ruhen der Waffen begannen die Auseinandersetzungen erneut – unter umgekehrten Vorzeichen. Jetzt verfolgen und ermorden nicht mehr die Serben die Kosovo-Albaner, sondern die Kosovo-Albaner die Serben. Mit dem Ende des Krieges ist der Haß nicht zu Ende, im Gegenteil. Frieden gibt es nicht ohne die Entfeindung des Feindes – das ist die Aufgabe, vor der die Europäische Gemeinschaft jetzt steht. Und die deutsche Außenpolitik muß sich entscheiden: für Zivilisierung oder für weitere Militarisierung.

Kapitel 7

Der Paß ist der edelste Teil von einem Menschen: Rot-grüne Ausländer- und Asylpolitik

Im Dezember 1998 hat Madijgùene Cissé in Berlin, im Haus der Kulturen der Welt, die Carl-von-Ossietzky-Medaille erhalten. Die 46jährige Senegalesin ist die Sprecherin der *Sans-Papiers*, der Menschen ohne Papiere, wie sie in Frankreich heißen – nach hiesigem Sprachgebrauch Sprecherin der »Illegalen« in Frankreich. Madijgùene Cissé ist eine resolute, erfrischend offensive Frau, die als sogenannte illegale Ausländerin nicht den Kopf einzieht, wenn die Politik zuschlägt. So wie sie sieht ein Robin Hood von heute aus – eine selbstbewußte Sprecherin der Vogelfreien, eine selbstbewußte Kämpferin für die Rechte der sogenannten Illegalen. Vogelfrei – das war im Mittelalter der friedlose Straftäter. Niemand durfte ihn unterstützen, beherbergen, ernähren. Er war aus der Rechts- und Friedensgemeinschaft ausgestoßen und der allgemeinen Verfolgung preisgegeben. Letztmals im Jahr 1698 hat in Deutschland das Reichsgericht zu Wetzlar offiziell die Reichsacht verhängt. Heute ist sie wieder da, in modernisierter Form. Verwaltungsbehörden verhängen sie, und sie heißt heute: Ausweisungsbescheid.

In Frankreich, in Paris, gibt es dagegen organisierten Widerstand – und der Widerstand hat einen Namen: *Sans-Papiers*. Er kennzeichnet eine neue Phase der Auseinandersetzung – der Flüchtling, der Einwanderer, bricht heraus aus der Rolle des Objekts, die der Staat ihm diktiert. Dieser Widerstand der Flüchtlinge und Einwanderer zieht die Konsequenz aus dem Satz: »Kein Mensch ist illegal.« Der Flüchtling, der Einwanderer – durch seinen Widerstand wird er wieder Subjekt. Der Widerstand hat den *Sans-Papiers* in Frankreich Selbstbewußtsein und Kraft gegeben.

Wie ist diese Kraft entstanden? Am 18. März 1996 besetzten 300 Westafrikanerinnen und Westafrikaner die Kirche von Saint-Ambroise in Paris. Die Besetzer von St. Ambroise, die später als die »*Sans-Papiers* von St. Bernard« Berühmtheit erlangen sollten, hatten sich nach einer Welle von Razzien und Vertreibungsmaßnahmen ihrer bevorstehenden Abschiebung widersetzt. Ihre zentrale Forderung hieß: Papiere für alle – und sie wurde im Lauf des Konflikts von großen Demonstrationen aufgegriffen. Die Sache zog Kreise: Die *Sans-Papiers* begaben sich in den Schutz der Kirche St. Bernard. Hungerstreik. Am 12. August 1996, dem 38. Tag des Hungerstreiks, drang die Polizei in die Kirche ein und verschleppte die Streikenden zur Zwangsbehandlung in öffentliche Krankenhäuser. Die Ärzte weigerten sich, sie gegen ihren Willen zu verarzten, die *Sans-Papiers* kehrten sofort wieder zur Kirche zurück. Eine breite Öffentlichkeit nahm am Schicksal der Kirchenbesetzer teil. Solidaritätsbekundungen fanden statt, Hunderte pilgerten zur Kirche, übernachteten dort, die Gewerkschaften und die Linksparteien setzten sich für sie ein. Zahlreiche Vereinigungen versprachen, zu ihren Gunsten zu intervenieren, allerdings zum Teil mit dem Hintergedanken, daß außer diesen dreihundert Fällen keine weiteren dazukommen sollten. 23. August 1996: Am frühen Morgen begann mit großer Härte und Brutalität die Räumung, zehn Besetzerinnen und Besetzer wurden sofort abgeschoben. Die übrigen etablierten sich als Collectif Saint Bernard dauerhaft in einem Gewerkschaftshaus im 10. Arrondissement. Sie wollten sich nicht mehr verstecken, sie suchten den Schutz der Öffentlichkeit.

»Wenn bei euch der Schröder an die Macht kommt«

Mit dem Regierungswechsel in Frankreich haben die *Sans-Papiers* dann große Hoffnungen verbunden – so wie ja auch die Flüchtlingsorganisationen in Deutschland mit dem Regierungswechsel in Bonn große Hoffnungen verbanden. Per Dekret forderte der neue Innenminister der linken Regierung in Paris alle Ausländer ohne Aufenthaltsgenehmigung dazu auf, sich zu melden und ihre Legalisierung zu beantragen. 140 000 sind diesem Aufruf gefolgt und aus der Illegalität aufgetaucht. Die Bearbeitungsfrist wurde mehrfach verlängert, aber erst ein Teil der Antragsteller erhielt kurzfristige Aufenthaltsgenehmigungen. Es ist absehbar, so meinte Madijgùene Cissé im Herbst 1998, daß Zehntausende nach Abschluß des Verfahrens nicht anerkannt sein werden. Während sie in die Illegalität zurückfallen würden, verfüge die Polizei dann über eine umfangreiche Kartei, in der ihre Namen, Anschriften und Arbeitsplätze festgehalten seien. »Die linke Regierung agiert wesentlich schlauer als die rechte. Unser Kampf muß jetzt wieder ganz von vorne beginnen«, so hat Madijgùene Cissé den Stand der Dinge kommentiert. Viele Mitglieder der neuen französischen Regierung haben früher die *Sans-Papiers* unterstützt. Das war unter der konservativen Regierung. Inzwischen sieht es, wie gesagt, etwas anders aus. »Dieselben, die vorher unsere Plattform unterstützt haben, finden sie jetzt plötzlich zu radikal«, hat Cissé in einem Interview gesagt. Und bei einem Besuch in Tübingen im September 1998 hat sie den Propheten gespielt: »Wenn bei euch der Schröder in drei Wochen an die Macht kommt, dann werdet ihr verstehen, was ich meine.« Drei Monate später, als Madijgùene Cissé in Berlin die Ossietzky-Medaille verliehen wurde, begann man hierzulande allmählich zu verstehen.

Im Asyl- und Flüchtlingsrecht sagt die SPD nichts anderes als vordem Bundesinnenminister Manfred Kanther (CDU). Sie sagt zu jeder, auch zur kleinsten Erleichterung: nein. Härtefallregelung bei Flüchtlingen im Kirchenasyl? Nein! Mehr Gewicht der Genfer Flüchtlingskonvention im deutschen Asylverfahren? Nein! Abschaffung des perfiden Flughafenverfahrens? Nein! Keine Ausweitung der Kompetenzen der Ausländerbeauftragten. Keine neuen Ermessensspielräume für die Ausländerbehörden. Keine Stärkung der Flüchtlingsrechte. Kein stärkerer Schutz der Bürgerkriegsflüchtlinge. Keinerlei Abstriche am Asylbewerberleistungs(verweigerungs)gesetz. Das Zugeständnis, das die SPD im Rahmen der Koalitionsverhandlungen zu machen bereit war, sah etwa so aus: »Die Bundesregierung wird prüfen, ob die Überprüfung der bisherigen Rechtslage erforderlich ist.« Und: »Dies wird im Lichte des Verhältnismäßigkeitsprinzips stattfinden.« Das heißt übersetzt: Wir machen den alten Stiefel weiter. Oder vornehmer formuliert: Unser Fortschritt heißt Kontinuität. Verglichen mit der roten Ängstlichkeit in Bonn, waren die neuen Regierungen in Frankreich und Großbritannien wahre Revolutionsregierungen: Dort gab es immerhin »Altfallregelungen« für Flüchtlinge, die schon jahrelang in den jeweiligen Ländern leben. Doch die SPD hat offenbar im Bereich Flüchtlings- und Asylrecht Angst, daß einer merken könnte, daß nicht mehr die CDU/CSU regiert. Von der Altfallregelung, die im Koalitionsvertrag vage angekündigt ist (»Wir wollen gemeinsam mit den Ländern eine einmalige Altfallregelung erreichen«), hat man seitdem nichts mehr gehört.

An der Katholischen Akademie von Mühlheim/Ruhr tagten, wie alljährlich, Mitte Dezember 1998 Praktiker der Ausländerarbeit in Deutschland – Juristen, Sozialarbeiter, Mitarbeiter von Caritas oder Pro Asyl. Und sie fragten sich, der rot-grüne Koalitionsvertrag war da erst wenige Wochen alt, was sich denn nun geändert habe: Gab es neue Chancen für die Menschen- und Bürgerrechte? Gab es Chancen dafür, daß eine neue Politik die Türen aufmacht, gab es Chancen dafür, daß ein neues Klima entsteht – ein Klima, in dem »bestimmte Dinge« einfach nicht mehr gehen, weil sie auf politische Abscheu stoßen?

Bestimmte Dinge: Man dachte an den Fall Mehmet in Bayern. Mehmet, ein 14jähriger türkischer Bub, der durch eine Serie von Straftaten aufgefallen war, war – obwohl in München geboren und aufgewachsen, wo auch seine Eltern lebten und leben – ausgewiesen und in die Türkei abgeschoben worden. Politik, das hat dieser Fall gezeigt, kann manchmal schon sehr armselig sein: Sie schafft es, noch in einem Kind den politischen Gegner zu erblicken. Und diesen Gegner behandelt man dann entsprechend – nämlich rigoros und unerbittlich. Man machte diesen Gegner beinahe zum bayerischen Staatsfeind, häufte seine Untaten über ihn, bis man nicht mehr sah, wer sich darunter eigentlich verbarg: nicht der apokalyptische Reiter, sondern ein mißratenes Kind, ein Kerl, den seine Betreuer nicht in den Griff bekommen hatten. Konservative Politiker (gemeint sind nicht nur solche der Union) führen ja gerne, wenn es um Ausländer- oder Flüchtlingsrecht geht, das Wort »Mißbrauch« im Mund. Hier hatten bayerische Politiker den Fall Mehmet mißbraucht, um die für eine Demokratie gefährliche Narretei aufrechtzuerhalten, wonach ein Ausländer ein Ausländer bleibt, ein bloßer Gast, auch wenn er hier geboren und aufgewachsen ist, und den Irrglauben zu bestätigen, wonach ein Problem gelöst ist, wenn es abgeschoben wird.

Die neue Grenze der Belastbarkeit: Warum es keine rot-grüne Migrationspolitik gibt

Otto Schily (SPD) mühte sich bald nach dem Machtwechsel, die Hoffnung auf eine neue Politik nicht allzu groß werden zu lassen. In einem Interview im Berliner *Tagesspiegel* sah er »die Grenze der Belastbarkeit Deutschlands durch Zuwanderung« bereits »überschritten«. Also: Das Boot sei nicht nur voll, sondern übervoll. Solche Sätze kannte man seit zwanzig Jahren als Kernsätze rechtskonservativer Politik. Neu war freilich, daß jetzt eine Politik, die sich als »neue Mitte« bezeichnet, solche Sätze sehr ungeniert in den Mund nahm. Früher hatte man sich über solche Sätze mokiert, jetzt reklamiert man sie für sich. Schily kam freilich damit einer verbreiteten Stimmung im Land entgegen – vielleicht kalkulierte er damit, durch hartes Reden und Unnachgiebigkeit in diesem Bereich ein konservatives Publikum geneigt zu machen für Reformen im Bereich des Staatsbürgerschaftsrechts (ein falsches Kalkül, wie sich dann zeigte).

Migrationspolitik: Wer heute Einwanderung sagt, erhält einen Aufschrei als Antwort. Wer eine gesteuerte Einwanderungspolitik vorschlägt, über den fallen die vereinigten Vorurteile her: Schotten dicht, das Boot ist voll ... Wer seine Skepsis moderater formuliert, der sagt es so: Haben wir nicht schon mehr als genug Ausländer im Land? Haben wir nicht schon eine Massenarbeitslosigkeit? Reichen denn die Probleme, die wir schon haben, nicht? Auf solche Fragen muß die Politik eine Antwort geben. Und die Antwort kann nur so lauten: Gerade weil die Probleme nicht explodieren sollen, brauchen Deutschland und die Europäische Union eine langfristige Einwanderungspolitik. Wer ein vorausschauendes Einwanderungskonzept ablehnt, der nimmt aber einen unkontrollierten Prozeß des Einwanderns in Kauf und muß dann nachträglich versuchen, mit den Mitteln des Ausländer- und des Polizeirechts damit fertig zu werden. Das aber ist keine Politik, sondern ein Hinterherlaufen. Einwanderungspolitik dagegen ist der Versuch, die Probleme in den Griff zu bekommen, das Gegenteil des *muddling through*, wie man es in Bonn über zwei Jahrzehnte lang praktiziert hat.

Macht hoch die Tür, die Tor macht weit

Einwanderungsgesetzgebung ist nicht die juristische Übersetzung des Weihnachtsliedes »Macht hoch die Tür, die Tor macht weit«. Sie ist nicht eine Politik der offenen Grenzen. Vielmehr ist sie eine Gesetzgebung, die die alte Politik der ausländerrechtlichen Wurstelei beendet. Sie ist der Versuch, Einwanderung zu regeln, zu steuern und zu begrenzen –

begleitet von dem Bemühen, die zugelassenen und bereits ansässigen Einwanderer schnell zu integrieren und einzubürgern. Einwanderungspolitik ist eine Politik, die erst ihre Ziele definiert und sie dann in Zahlen umsetzt. Eine Debatte darüber ist überfällig – insofern hätte man dem Bundesinnenminister dankbar sein können. Otto Schily freilich hat die Debatte alsbald nach Amtsantritt in einer Weise intoniert, die schädlich, ja gefährlich ist. Er hat die Debatte eröffnet und sie sogleich wieder abgewürgt mit dem Bemerken, daß Deutschland erstens kein Einwanderungsgesetz brauche und daß es zweitens keine Einwanderung mehr geben dürfe. Er hat so getan, als wäre der Bevölkerung eine Einwanderungspolitik nicht zuzumuten, weil sie die Fremdenfeindlichkeit verschärfe. Damit hat er Ursachen und Folgen vertauscht.

Sicherlich: Gute Einwanderungspolitik kann man nur mit der Zustimmung der Mehrheit der Bevölkerung machen. Die Politik aber muß um diese Mehrheit werben. Der Bundesinnenminister tat das nicht, im Gegenteil: Er warb um die Nichtakzeptanz der Realität. Damit aber werden Abwehrhaltungen gezüchtet – und dies ausgerechnet in einer Zeit, in der zum ersten Mal seit langem mehr Menschen aus Deutschland abwandern als zuwandern. Schily hatte Zahlen auf den Tisch gelegt, die, gelinde gesagt, mißverständlich waren. Er hatte Deutschland mit den USA verglichen und festgestellt, daß Deutschland mehr Einwanderung zu verkraften habe als dieses klassische Einwanderungsland – und ausgeblendet, wie dieses verblüffende Ergebnis zustande kommt. Schily trennte nämlich nicht zwischen Flüchtlingen und Einwanderern. Er warf sie alle in einen Topf: Asylbewerber, Bürgerkriegsflüchtlinge, Aussiedler, Migranten.

Asyl – da geht es um altruistisches staatliches Handeln. Bei der Asylgewährung ist die Frage nicht, ob und welche Arbeitskräfte man in Deutschland braucht, sondern welche Menschen des Schutzes bedürfen. Bei der Einwanderung dagegen geht es eher um deutschen Eigennutz – darum nämlich, ob und welchen Zuzug man aus demographischen oder arbeitsmarktpolitischen Gründen braucht, damit nicht, wie dies schon vor fünf Jahren das »Manifest der sechzig Professoren« formuliert hat, die »kritischen Untergrenzen demoökonomischer Stabilität unterschritten« werden. Es kann Berührungspunkte zwischen Asylgewährung und Einwanderung geben – dann nämlich, wenn Flüchtlinge nicht mehr in ihre Heimat zurückkehren können, also eingebürgert werden müssen und auf eine feste Einwanderungsquote anzurechnen sind. So wird das zum Beispiel in Kanada praktiziert.

Im November 1995 hatte Otto Schily in Bonn eine große Tagung der Friedrich-Ebert-Stiftung zum Thema Einwanderung eröffnet. Damals hatte er für ein Einwanderungsgesetz geworben, damals hatte er der damaligen Bundesregierung »eine ängstliche Abwehrhaltung gegenüber Migration« vorgeworfen und dies als »Torheit« bezeichnet. Damals hatte er noch eine Politik verlangt, von der »keine mißverständlichen Signale ausgehen«. Heute erspart sich die Politik der neuen Bundesregierung zwar die rituelle Wiederholung des falschen Satzes, daß Deutschland kein Einwanderungsland sei – weil man weiß, daß es sich dabei um eine Lüge wider den Augenschein handelt –, zieht aber aus dem augenscheinlich Notwendigen nicht die notwendigen Konsequenzen. Den Otto Schily von heute läßt man daher am besten durch den Otto Schily von 1995 kommentieren: »Wer ein Land oder ein Volk unter Quarantäne stellen will, der ist schlecht beraten.«

Neue Chancen für die Menschen- und Bürgerrechte durch Rot-Grün? Wo sollen sie wachsen? Wer auf die ganz großen Chancen wartet, der muß sich immer wieder nur erinnern. Die verfassungändernden Mehrheiten für die Einschränkung von Grundrechten in den vergangenen Jahren sind ja nicht vom Himmel gefallen: Die SPD hat die Hand gereicht zur Änderung des Asylgrundrechts, sie hat dem großen Lauschangriff den Weg geebnet. Mit Hilfe der SPD wurde auch die sogenannte Kindervisumsverordnung etabliert, mit Hilfe der SPD wurde die europäische Polizei Europol im rechtsfreien Raum errichtet, die Europol-Konvention und die Priviliegien-Verordnung ratifiziert, die den Europol-Polizisten Immunität gewährt. Es war also unrealistisch zu erwarten, daß diese SPD sich grundlegend bessern wird, wenn und weil sie nicht mehr in der Opposition, sondern in der Regierung sitzt. Es war eher zu fürchten, daß sich die liberalen, rechtsstaatlichen Kräfte in der SPD noch schwerer tun als in der Vergangenheit – und diese Befürchtung hat sich nach einem Jahr Rot-Grün bestätigt.

Ein kleiner großer Schritt: das neue Staatsbürgerschaftsrecht

Was lange währt, wird endlich ... - nein, richtig gut wird es nicht. Aber das neue Staatsbürgerschaftsrecht, das der Deutsche Bundestag am Freitag, 7. Mai 1998, verabschiedet hat, ist besser, sogar erheblich besser als der bisher geltende Rechtszustand. Und das ist das Beste, was sich über das neue Gesetz sagen läßt: Es ist ein kleiner Schritt auf dem richtigen Weg. Dieses Staatsbürgerschaftsrecht geht in eine neue Richtung, weg von einem vordemokratischen Recht, das einen Teil der Einwohner als »Ausländer« ausgrenzt, weg von einem Recht, das nicht zur Kenntnis nehmen wollte, wie sich Deutschland durch Einwanderung verändert hat. Wer das neue Gesetz studiert, der spürt von Absatz zu Absatz, wie zaghaft es ist. Das nunmehrige »Optionsmodell«, das nur Kindern vorübergehend die Möglichkeit der Doppelstaatsbürgerschaft gibt, ist ein verfassungsrechtlich zweifelhaftes Kuriosum. Es stellt gewiß nicht die zugesagte große Reform dar, Innenminister Otto Schily weiß das sehr wohl, und er hat das bei der Verabschiedung des Gesetzes im Bundestag auch bekannt. Sein ursprünglicher Gesetzentwurf war viel konsequenter, nach der von Rot-Grün verlorenen Landtagswahl in Hessen aber vermeintlich nicht mehr durchsetzbar. Man kann und muß das beklagen; aber diese Klage führt nicht weiter. Das verabschiedete Gesetz führt immerhin weiter. Es ist nur ein Einstieg – und gleichwohl ein historischer Schritt.

»Der Paß ist der edelste Teil von einem Menschen. Er kommt auch nicht auf so einfache Weise zustande wie ein Mensch. Ein Mensch kann überall zustande kommen, auf leichtsinnigste Art und ohne gescheiten Grund, ein Paß niemals. Dafür wird er auch anerkannt, wenn er gut ist, während ein Mensch noch so gut sein kann und doch nicht anerkannt wird.« Die zitierten Sätze hat Bert Brecht geschrieben, und sie waren seine bittere Klage darüber, daß ein Paß mehr gilt als der Mensch.

Wer die Debatte über die Reform des Staatsbürgerschaftsrechts in Deutschland verfolgt hat, der weiß, daß die Klage immer noch aktuell ist. Brechts beißender Spott ist schon einige Jahrzehnte alt – aber ein treffender Kommentar zur Mystifizierung der Staatsangehörigkeit, wie sie die

Union seit dem Machtwechsel in Bonn in besonderem Maß betrieben hat. Bis dahin konnte man davon ausgehen, daß es zwischen den im Bundestag vertretenen Parteien einen kleinsten gemeinsamen Nenner, einen Minimalkonsens, gibt – darüber nämlich, daß das geltende Staatsbürgerschaftsrecht die Gesellschaft spaltet und eine grundlegende Reform des kaiserlichen Reichs- und Staatsangehörigkeitsrechts von 1913 notwendig ist. Nicht das »Ob«, sondern das »Wie« sei, so meinte man, umstritten. Die CDU/CSU und ihre unverantwortliche Unterschriftenaktion gegen die Staatsbürgerschaftsreform, mit der sie eingewurzelte Ängste und Vorurteile mobilisierte, aber damit die Landtagswahlen in Hessen gewann, zerstörte auch noch den Minimalkonsens darüber, daß man mit einem Recht, das allein auf dem Abstammungsprinzip fußt, in Zeiten von Mobilität und Migration eine demokratische Gesellschaft nicht aufbauen kann.

Dieses Abstammungsrecht hat seine Wurzeln nicht, wie oft vermutet, in wilhelminischer Deutschtümelei oder in germanischem Rassenwahn. Es war schlicht so: Als vor knapp zweihundert Jahren zum erstenmal in Deutschland Staatsangehörigkeitsrechte geregelt wurden, war Deutschland ein Flickenteppich aus Reichen, Herzogtümern, Klein- und Kleinstterritorien, die aber in regem Austausch miteinander standen. Hätte man die Staatsangehörigkeit, wie in Frankreich, nach dem Ort der Geburt bestimmt, so hätten die Zufälligkeiten von Ortswechseln zu einem juristischen Chaos geführt. Also knüpfte man in Deutschland an die Zugehörigkeit zu einem Volksstamm, zu dessen Kultur und Tradition an – und leitete die Staatsangehörigkeit der Kinder allein von derjenigen der Eltern ab. Die entsprechenden Passagen des preußischen Untertanengesetzes gingen in die reichseinheitliche Regelung von 1871 ein und wurden Grundlage des Reichs- und Staatsangehörigkeitsgesetzes von 1913. »Wir, Wilhelm von Gottes Gnaden Deutscher Kaiser, König von Preußen, verordnen im Namen des Reiches, nach erfolgter Zustimmung des Bundesrats und des Reichstags was folgt.« So begann der Regierungsentwurf zu einem Reichs- und Staatsangehörigkeitsgesetz, genannt RuStAG, in dem zum Prinzip erhoben wurde, was im Grundsatz bis heute gilt: Deutscher ist nicht der, der in Deutschland geboren wird – nein, Deutscher ist nur, wer von Deutschen abstammt.

Schon seinerzeit in der Kaiserzeit war dieses Abstammungsrecht nicht mehr zeitgemäß, schon damals protestierten die Sozialdemokraten und wollten den »Fremdarbeitern« einen Einbürgerungsanspruch geben. Aber das Abstammungsrecht paßte den konservativen Kräften ins nationalistische Weltbild. Und so fand das Hitler-Regime eine Rechtslage vor, die sich trefflich in seine Rassenideologie einordnete: Der Staat wurde zum Gefäß für eine völkische Substanz und der Irrglaube gefördert, man könne die Deutschen an Haut und Haaren erkennen. So vermischten sich Biologie und Recht. Und so rangen und ringen die Staatsbürgerschaftsreformer von heute noch immer mit dem Geist von gestern. Der CDU-Vorsitzende Wolfgang Schäuble und der CSU-Chef Edmund Stoiber stehen auf der falschen Seite: Geister von gestern sind keine Streithelfer für christliche Parteien.

Drei Anläufe hat die rot-grüne Koalition zu einem neuen Staatsbürgerschaftsrecht gemacht – und jedesmal ist sie kürzer gesprungen: Der erste Gesetzentwurf (datiert vom 13. 1. 1999) von Bundesinnenminister Otto Schily setzte die rot-grüne Koalitionsvereinbarung um. Er gab das bisherige Dogma vom Verbot der Mehrstaatigkeit auf. Dann kamen, am 7. Februar 1999, die Landtagswahlen in Hessen – mit massiven Verlusten der Grünen, einem Machtwechsel von Rot-Grün hin zur Koalition aus CDU und FDP in Hessen und damit zu einer Veränderung der Mehrheitsverhältnisse im Bundestag. Schily reagierte prompt und schwenkte um: Nun wurde das bisherige grundsätzliche Verbot der Mehrstaatigkeit aufrechterhalten, freilich mit zahlreichen Ausnahmen versehen. Übrig blieb die Doppelstaatsangehörigkeit für in Deutschland geborene Kinder – die sich mit spätestens 23 Jahren für eine der beiden Staatsbürgerschaften entscheiden sollten. Nun begannen intensive Verhandlungen zwischen Schily und der FDP, die in Rheinland-Pfalz zusammen mit der SPD regiert und die dem neuen Staatsbürgerschaftsrecht auch im Bundesrat zur Mehrheit verhelfen sollte. Ergebnis war der Gesetzentwurf Schily III, der am 19. März im Bundestag verabschiedet wurde.

Was bringt das neue Gesetz? Wenige Erleichterungen für die Ausländer, die schon Jahre und Jahrzehnte hier leben; sie werden auch künftig nicht großzügig aufgenommen, sondern bürokratisch zugelassen, nach penibler Beschau und Prüfung. Ursprünglich war geplant gewesen, ihnen allen ohne viel Bürokratie die doppelte Staatsangehörigkeit zu geben. Echte Erleichterungen gibt es aber jetzt nur für die Ausländerkinder, die künftig in Deutschland geboren werden – sie werden Doppelpaß-Deutsche auf Zeit. Spätestens mit 23 Jahren müssen sie sich entscheiden; entweder sie wählen dann die deutsche Staatsbürgerschaft, oder sie verlieren diese wieder kraft Gesetz. Das Verfassungsgericht wird hoffentlich diese Befristung der doppelten Staatsbürgerschaft streichen – und es wäre eine gerechte Strafe für die Union, wenn dies im Urteil zu der Klage geschähe, die sie gegen das neue Recht angekündigt hat.

Immerhin einen Punkt sparsam dosierter Großzügigkeit enthält das neue Gesetz: Eine Rückwirkungsregelung für Ausländerkinder bis zum zehnten Lebensjahr: Sie können auf Antrag noch Doppelpaß-Deutsche (auf Zeit) werden, das Gesetz datiert sich also hier quasi zehn Jahre zurück. Man hätte sich mehr von dieser Großzügigkeit gewünscht. Der Spatz in der Hand, so verteidigten auch die Grünen das abgemagerte Gesetz, sei besser als die Taube auf dem Dach. Das war ein bescheidenes Sprüchlein für ein Werk, das als Jahrhundertwerk angekündigt war.

Mit dem Spruch vom Spatz verhält es sich so wie oft mit alten Sprichwörtern: Sie klingen wie Sprach-Almosen von Privilegierten an arme Teufel. Wer sind in diesem Fall die armen Teufel? Sind es die Ausländer in Deutschland, denen die rot-grüne Koalition eine ganz andere Reform versprochen hat als die, die sie auf den Weg gebracht hat? Ärmer werden sie um die Illusion, daß ein ganz neuer Geist wehen könnte in Deutschland; aber diese Illusion hat ihnen bereits die Unterschriftenaktion der Union genommen. Die armen Teufel, die sich mit dem Sprichwort zufriedengeben müssen, sind vor allem die Grünen. Sie haben ihrer Klientel versprochen, daß dank ihrer Regierungsbeteiligung der Staat der ausländischen Wohnbevölkerung die Hand hinstrecken wird. Nun ist es nur der kleine Finger geworden.

Richtig stolz sind nur die Freien Demokraten: Sie nehmen für sich in Anspruch, daß diese Reform ohne sie überhaupt nicht zustande gekommen wäre, und sie tun so, als wäre der Spatz in der Hand kein grauer, unscheinbarer Sperling, sondern ein prächtig gelb-blau gepunkteter Singvogel. Es mag sein, daß die Freien Demokraten das selbst glauben, weil sie in der Kunst der Selbsttäuschung geübt sind. Tatsache ist aber, daß die FDP vor gar nicht so langer Zeit noch selber heftig gefordert hat, was sie 1999 so vehement ablehnte: In ihrem Gesetzentwurf aus dem Jahr 1993 steht groß und fett die Forderung nach einer »Abkehr vom Grundsatz der Vermeidung der doppelten Staatsbürgerschaft«. Damals, also, als in der Regierung Kohl keine Chance für den Doppelpaß bestand, hatte ihn die FDP (was sie 1999 nicht mehr wissen wollte) gefordert – heute ist sie stolz darauf, daß sie ihn im rot-grünen Gesetzentwurf verhindert hat. Tempora mutantur. Immerhin: Die verabschiedete bescheidene Reform ist ein Einstieg – der Gesetzgeber macht die ersten Schritte auf dem Weg zu einem modernen Staatsbürgerschafts- und Integrationsrecht. Es ist der langsame Abschied vom Reichs- und Staatsangehörigkeitsgesetz von 1913, das die Staatsgemeinschaft nicht als politische Gemeinschaft, sondern als Blutgemeinschaft definiert hat.

Das neue Recht legt zwar den alten Titel »Reichs- und Staatsangehörigkeitsgesetz« ab, nicht aber alle Attribute, die dieses alte Recht kennzeichneten. Vergeblich hatten damals, 1913 bei den Debatten im Reichstag, die Sozialdemokraten vor diesem Gesetz gewarnt, vergeblich hatten sie damals dem Recht des Blutes einen aus heutiger Sicht atemberaubend modernen Vorschlag entgegengestellt. Ihr Gesetzesantrag lautete so: »Einem Ausländer, der sich im Inland niedergelassen hat, darf die von ihm beantragte Einbürgerung nicht versagt werden, wenn er seine Niederlassung mindestens zwei Jahre hindurch ohne Unterbrechung im Inland gehabt hat.« Der SPD-Abgeordnete Bernstein hatte nämlich erkannt, was es mit dem Reichs- und Staatsangehörigkeitsrecht auf sich hatte, und nannte es ein Gesetz, »das in bestimmten Dingen um Deutschland herum eine Mauer zieht«. Er warnte vor einer Gesetzgebung, »die in schreiendem Widerspruch steht mit der ganzen kulturellen und wirtschaftlichen Entwicklung unserer Zeit«. Er prophezeite vergeblich die Folgen des neuen Rechts: Wenn man den Ausländern in Deutschland auf Dauer die Bürgerrechte verweigere, »so muß das zu den allerungesündesten Zuständen führen«. Und er beschrieb diese ungesunden Zuständen so: Man habe »eine große Zahl Leute, Hunderttausende von Menschen im Land, die in vieler Hinsicht die Stellung von Parias einnehmen, die geduldet sind, nicht im Recht da und unter Umständen allen möglichen Schikanen unterworfen sind«. Und Bernsteins Genosse Molkenbuhr warb damals vergeblich dafür, daß »derjenige Ausländer, der sich in deutsche Verhältnisse eingelebt hat, der gewillt ist, dauernd in Deutschland zu leben, der dort eine Familie gegründet hat, das Recht erhalten (muß), das deutsche Bürgerrecht zu erhalten«.

Das ist 86 Jahre her. Und wer die Debatten von damals verfolgt, wer nachliest in den stenographischen Protokollen des Reichstags der XIII. Legislaturperiode, der findet Argumentationsmotive wieder, wie sie auch 1999 in der Diskussion über ein neues Staatsbürgerschaftsrecht wiederkehrten. Der Vertreter des Reichsamtes des Innern protestierte damals gegen Einbürgerungsansprüche, wie sie die Sozialdemokraten verfochten: »Ein Recht auf Aufnahme wäre eine Abdankung des Staates, eine Niederlegung der Souveränität, und das wird sich kein Staat auf Dauer gefallen lassen.« Der Abgeordnete Belzer vom Zentrum sprach sich mit aller Schärfe gegen eine »massenweise Naturalisierung von galizischen Hausierern« aus, gegen eine Einbürgerung der »Tausende von mittellosen Landarbeitern« und er agitierte gegen die sozialdemokratischen Einbürgerungsforderungen so: Dann könnten die Arbeitgeber »aus dem fernsten Osten die chinesischen Kulis ... geradezu haufenweise nach Deutschland schleppen«. Und sein Abgeordnetenkollege Becker assistierte: Man sei schließlich verpflichtet, »dafür zu sorgen, daß unsere Gemeinden vor der Einbürgerung sittlich oder wirtschaftlich bedenklicher Elemente geschützt werden«. Die Ausländer hätten doch keine Ahnung von den politischen Verhältnissen im Reich. Es könne daher »nicht im Interesse der arbeitenden Bevölkerung liegen, diese Leute über das, was in Deutschland in Zukunft im Interesse des deutschen Volkes geschaffen werden soll, mitentscheiden zu lassen«.

Die Reichsregierung hielt seinerzeit derart kompromißlos am Jus sanguinis, dem Recht des Blutes, fest, daß sie nicht einmal Findelkindern die deutsche Staatsbürgerschaft zusprechen wollte. Als die Reichstagskommission mehrheitlich vorschlug, einem »Kind, dessen Familienstand nicht zu ermitteln ist«, die deutsche Staatsangehörigkeit zu geben, sah die Regierung bereits darin »eine Durchbrechung des im Entwurf rein aufgeführten Jus sanguinis zugunsten des Jus soli«, also zugunsten des Rechts des Bodens.

Nicht alle Befürworter dieses Reichs- und Staatsangehörigkeitsrechts von 1913 argumentierten damals völkisch – aber viele taten es: Das Abstammungsrecht paßte ins nationalistische Denken der Zeit. Vergessen waren die anderen Traditionen in Deutschland. Sie paßten nicht mehr zu der gängigen Umdeutung der deutschen Geschichte – die zum Beispiel aus dem alten ersten Heiligen Römischen Reich, das gerade in seiner Blütezeit ein Vielvölkerimperium war, ein heiliges Reich »Deutscher« Nation machte. Und man wollte auch nicht mehr wissen, daß noch 1812 der Aufruf des preußischen Königs »An mein Volk« in Deutsch, Sorbisch und Polnisch veröffentlicht worden war oder daß Friedrich der Große sich um die Ansiedlung moslemischer Tartaren bemüht und seine Bereitschaft zum Bau von Moscheen bekundet hatte. Das Staatsbürgerschaftsrecht von 1913 war also ein neuer Baustein im Gebäude des deutschen ethnischen Nationalismus.

Ein Sprung in die bundesrepublikanischen Zeiten: Die Regierung Helmut Kohl hatte unter Innenminister Wolfgang Schäuble ganz vorsichtig damit begonnen, das Staatsbürgerschafts- und Ausländerrecht zu modernisieren und für die Ausländer in Deutschland gewisse Ansprüche auf Einbürgerung zu formulieren. Die Ansätze zu einer Reform waren aber steckengeblieben. Die SPD knüpfte also 1999 gewissermaßen da an, wo sie im Reichstag, 86 Jahre zuvor, unterlegen war.

Die Sozialdemokraten hatten damals, wie sich 1998/99 zeigte, recht mit ihrer Warnung, es werde »vielleicht wiederum Jahrzehnte dauern, bis man einmal daran geht, die Bestimmungen zu ändern«. Es dauerte über acht Jahrzehnte – und auch dann traute man sich, wie sich zeigte, noch nicht so richtig.

Die rot-grüne Koalitionsvereinbarung versprach zwar noch die Kehrtwende deutscher Politik: Ausstieg aus einer Politik der Ausgrenzung, Einstieg in eine Integrationspolitik. Der Beschluß bedeutete die Anerkennung der Fakten im Land. Und er wollte, vorsichtig, aber doch deutlich, die normativen Konsequenzen ziehen: Das Staatsbürgerschaftsrecht sollte befreit werden aus seinem vordemokratischen Käfig. Rot-Grün hatte kapiert, daß es kein Mittel ist zur Stammbaumpflege. Die rot-grüne Koalitionsvereinbarung versuchte endlich, eine Identität herzustellen, auf die Demokratie angewiesen ist: die Identität von Staatsbürgern und dauerhaft ansässiger Wohnbevölkerung.

Übrig geblieben ist letztendlich eine Ahnung von dem, was hätte werden können – übrig bleibt ein Staatsbürgerschaftsrecht, das Kinder zeitweise zu Deutschen macht. So wurde aus der von der rot-grünen Koalition angekündigten Kehrtwende nur eine halbe Drehung. Selbst das ist der Union noch zuviel. Sie will das neue Staatsbürgerschaftsrecht, und sei es noch so bescheiden, nicht akzeptieren. Hauptsache, die doppelte Staatsbürgerschaft wird verboten – selbst die vorübergehende Akzeptierung bei Kindern und Jugendlichen durch das neue Gesetz ist der Union zuviel.

Die Normen, auf die sich die Union stützen könnte, sind antiquiert; das angebliche Verbot der Mehrstaatigkeit ist längst zerbröselt. Die einschlägige Haager Konvention stammt von 1930. Das Übereinkommen zur Verringerung der Mehrstaatigkeit ist durch neuere Entschließungen des Europarats obsolet. Übereinkommen regeln die Folgen mehrfacher Staatsangehörigkeit und können bei Bedarf noch ergänzt werden. Die Kritiker der Doppelstaatsbürgerschaft gehen im übrigen über die Tatsache hinweg, daß es in Deutschland schon über zwei Millionen Doppelstaatler gibt. Kinder von deutsch-ausländischen Eltern sind in der Regel Doppelstaatler (immerhin wurden in den vergangenen zehn Jahren mehr als 350000 deutsch-ausländische Ehen in der Bundesrepublik geschlossen). Im selben Zeitraum sind eineinhalb Millionen Aussiedler in Deutschland aufgenommen worden: Sie sind Deutsche, und zugleich besteht ihre ausländische Staatsangehörigkeit in den meisten Fällen fort. Selbst ein so erbitterter grundsätzlicher Gegner wie der bayerische Ministerpräsident Edmund Stoiber

(CSU) fordert sie in bestimmten Fällen – für die Sudetendeutschen nämlich, als deren Schutzmacht sich Bayern betrachtet.

Niemand nimmt es auf Dauer klaglos hin, in seiner Heimat Bürger zweiter Klasse zu sein. Ein neues Staatsbürgerschaftsrecht ist deshalb nicht nur ein demokratisches Gebot, sondern auch eine Notwendigkeit, um des inneren und des sozialen Friedens wegen. Der Staat muß also ein Beitrittsangebot machen, muß Werbung betreiben, muß notfalls auch Sonderangebote machen – zum Beispiel dadurch, daß er dem (vielfach verunsicherten) Einwanderer erlaubt, seine alte Staatsbürgerschaft zusätzlich zur neuen zu behalten.

Man kann nicht zwei Herren dienen, heißt es. Seit wann ist in einem demokratischen Staat der Bürger ein Diener? Man müsse sich entscheiden, heißt es. Richtig. Ein neuer Bürger muß sich entscheiden – für die Demokratie, für den Rechtsstaat und für seine Grundwerte. Lachen wir über das törichte Gerede von der nationalen Identität, die durch die »Ausländer« in Deutschland gefährdet sei. Die deutsche Identität bestand immer darin, daß sie aus vielen Identitäten bestand.

Deutschland hatte immer viele Gesichter, Deutschland war die längste Zeit seiner Geschichte multikulturell – und die Zeit, in der es dies verleugnet hat, gehört fürwahr nicht zu den guten Zeiten der deutschen Geschichte. Jacob Grimm, Demokrat und einer der Gebrüder Grimm, hat bei der Beratung der Grundrechte in der Nationalversammlung der Paulskirche im Jahr 1848 vorgeschlagen, folgenden Artikel 1 zu formulieren: »Das deutsche Volk ist ein Volk von Freien, und deutscher Boden duldet keine Knechtschaft.

Fremde Unfreie, die auf ihm verweilen, macht er frei.« Jacob Grimm, 1848. Er hat Märchen gesammelt und erzählt und darin Lebensweisheit und Wahrheit verpackt. Er war damit 1848 schon weiter, als es eine große demokratische Partei heute ist. Menschen zweiter und dritter Klasse soll es in Deutschland nicht geben.

Kapitel 8

Weitere Aussichten: zunehmend bewölkt?

»Ich setze auf erneuerten Mut«, sagte Roman Herzog 1997 in seiner berühmten Berliner Adlon-Rede. Der damalige Bundespräsident hat sich nicht getäuscht: Das deutsche Volk hatte 1998 den Mut, seinen Kanzler-Vater Kohl nach sechzehn Jahren abzuwählen. »Ich vertraue auf unsere Gestaltungskraft«, beschwor Herzog 1997 die Deutschen. Auch hier hat er sich nicht getäuscht. Die Deutschen hatten 1998 die Kraft, die politischen Mehrheitsverhältnisse umzukehren. »Glauben wir wieder an uns selbst«, riet der Präsident. Mit diesem Rat freilich hatte er keinen Erfolg, jedenfalls nicht bei den Sozialdemokraten und den Grünen.

Nur zu Beginn der Machtübernahme, nur in den ersten Wochen zeigten die Neuen eine wunderbare Gelassenheit, diese anmutige Form des Selbstbewußtseins. Dann, als der geplante furiose Auftakt (mit dem man, exakt dreißig Jahre später, an den reformerischen Elan der Regierung Willy Brandts hatte anknüpfen wollen) in Confusio ausartete, da schien es fast so, als befände sich nicht die geschlagene Union, sondern die rot-grüne Koalition in einem Schockzustand.

Ein Schock ist bekanntlich der Zustand nach einem plötzlich auftretenden und katastrophenartigen Ereignis, der mit Orientierungsverlust, Fassungslosigkeit und starker Erregung oder Erstarrung einhergeht. All diese Phänomene konnte man bei den siegreichen neuen Regierungsparteien noch intensiver beobachten als bei denen, die bei der Bundestagswahl so haushoch verloren hatten. Die Union geriet in einen (erstaunlicherweise gar nicht sehr ausgeprägten) Schock, weil sie die Macht verloren hatte. SPD und Grüne gerieten in einen Schock, weil man sie gewonnen hatte – und man nicht so recht wußte, was man aus der Macht machen sollte.

Einen Ruck durch Deutschland hatte seinerzeit Roman Herzog gefordert. 1998 war er da – anders als erwartet: Er war erst einmal ein vom Wahlvolk ausgehender politischer Linksruck (aus dem die neuen Machthaber aber dann einen Rechtsruck ihrer Parteien machten). Zunächst einmal waren alle davon überrascht gewesen: Die Wählerinnen und Wähler, die für die Überraschung gesorgt hatten; die neuen Regierungsparteien, die sich der Macht mit einer Mischung aus Euphorie und Ehrfurcht genähert hatten (letzteres galt vor allem für die Grünen). In dieser Überraschung hätte das kreative Potential stecken können, das alle Überraschten gleichermaßen nötig gehabt hätten. So war es leider nicht. Aus dem Ruck wurde ein planloses Herumgerücke. Gleich nach der Wahl vom Herbst 1998 waren die Menschen perplex darüber gewesen, daß sie Rot-Grün gewählt hatten. Erleichterung und Zufriedenheit darüber stellte sich nicht ein – statt dessen das Gefühl, daß man die lahme Truppe des Helmut Kohl durch die blinde des Gerhard Schröder ersetzt hatte.

Zwischen Profilierung und Parteiverrat

Der *Wind of Change*, von dem so viele Rot-Grün-Wählerinnen und -Wähler geträumt hatten, erfaßte nicht die Gesellschaft, sondern die rote und die grüne Partei. Die grünen Spitzenpolitiker beschäftigen sich damit, den Weg zwischen Profilierung und Parteiverrat zu finden. Derweil wendet sich die bisherige Kernklientel der Partei enttäuscht ab, neue Wählerinnen und Wähler wenden sich aber der grünen Partei nicht zu; diese versucht nämlich, neue Anhänger ausgerechnet dort zu gewinnen, wo sich die beiden großen Parteien schon gegenseitig auf die Füße treten – in der politischen Mitte. Das Regieren mit einer übermächtigen, kaum zu Konzessionen bereiten SPD schwächt die Grünen auf lebensgefährliche Weise. Die Diagnose lautet: Chlorophyllverlust. Und so könnte es den Grünen in der Regierungskoalition mit der SPD so ergehen wie dem Männchen der Gottesanbeterin nach dem Geschlechtsakt: Exitus nach dem Höhepunkt.

Die SPD verwandelte und verwandelt sich unter dem Kanzlerparteichef Schröder in eine Kanzlerpartei nach dem Bild der Kohl-CDU. Diese CDU gab sich zwar ab und an ein neues Programm, aber in Wirklichkeit war es so: Kanzler Kohl war das Programm. In der Spätzeit der Ära Kohl spürten die Mitglieder sowie die Delegierten der Parteitage zwar durchaus, daß das nicht reichte, und fühlten sich bisweilen unbehaglich – waren aber nicht in der Lage, diesen Zustand zu ändern. In genau diese Probleme gerät die SPD schon nach relativ kurzer Regierungszeit. Für die SPD aber sind diese Probleme noch viel gefährlicher, als sie für die CDU je waren: Die SPD war und ist nämlich im Gegensatz zur CDU eine Programmpartei, eine Partei also, die ihre

Kraft immer wieder aus programmatischen Diskussionen geschöpft und so immer wieder Profil gewonnen hat. All das geht verloren, wenn sie nur noch als Lautsprecher ihres Kanzlerparteichefs fungiert.

Gerhard Schröder geriert sich als neues Mitglied der Glaubensgemeinschaft der Ökonomen. Er kokettiert mit deren Jargon, er tut so, als wäre er bekennendes Mitglied. Vielleicht macht er das, um dem Vorwurf zu begegnen, er stünde für gar nichts. Jedenfalls: Im Schröder-Blair-Papier hat er eine Art Glaubensbekenntnis abgelegt und darin gleichzeitig den vermeintlichen SPD-Sünden der Vergangenheit abgeschworen. Das, was den Sozialdemokraten bisher heilig war, gilt nun als unmodern. Die Wörter, die in den vergangenen dreißig Jahren als Motto an der Wand der SPD-Parteitage standen, entsprechen nicht mehr dem neuen Zeitgeist. Die SPD-Botschaft von gestern gilt jetzt als Verirrung, die Kritik des politischen Gegners von gestern aber als die neue Wahrheit. »Sozialmafia« – diese perfide Wortschöpfung des Jahres 1999, die Sozialpolitiker diskreditieren soll, wird nun auch in der SPD gern aufgegriffen: Sozialpolitiker werden in der »neuen« SPD in einer Weise marginalisiert und verächtlich gemacht, daß der Umgang der CDU mit ihren Sozialausschüssen als vergleichsweise großzügig erscheint.

Die Konvertiten-Partei

Zu viel Sozialstaat, so heißt es nun sogar in der SPD, gefährde den Sozialstaat. Zu viel soziale Gerechtigkeit, so heißt es auch, gefährde die soziale Gerechtigkeit. Und zu viel Solidarität, so heißt es schließlich, gefährde die Solidarität. Also soll künftig offenbar weniger Sozialstaat mehr Sozialstaat, weniger soziale Gerechtigkeit mehr soziale Gerechtigkeit und weniger Solidarität mehr Solidarität bringen.

Mit solchem Argumentationsmuster ist schon das Asylgrundrecht zerschlagen worden; zu viel Asylrecht, so hieß es damals, gefährde das Asylrecht. Also sollte weniger Asylrecht den Flüchtling besser schützen. Das Ergebnis solcher Argumentation kann man, so man Zugang erhält, im Transitraum des Frankfurter Flughafens besichtigen. Zu viel Grundrecht, so hat man auch gesagt, gefährde die Grundordnung. Also sollte weniger Grundrecht, nämlich weniger Grundrecht auf Unverletzlichkeit der Wohnung, die Grundordnung besser schützen. Also wurde – mit Zustimmung großer Teile der SPD (noch zu deren Oppositionszeiten) der große Lauschangriff eingeführt und das Grundrecht auf Unverletzlichkeit der Wohnung nach Artikel 13 Grundgesetz eingeschränkt.

Die SPD hat sich, bei der Änderung des Asylgrundrechts und bei der Änderung des Grundrechts auf Unverletzlichkeit der Wohnung, auf eine gefährlich schiefe Ebene begeben: Allzu viel sei eben, so sagt sie entschuldigend, ungesund. Und deshalb rutscht mit der SPD als großer Regierungspartei jetzt auch der Sozialstaat nach unten. Das modernistische Gerede, daß die Instrumente der solidarischen Sicherung, die Sozialversicherungssysteme, auf die eigentlich Bedürftigen konzentriert werden müßten, hört man jetzt auch in der SPD. Solches Reden ist grober Unfug. Ein Solidarsystem, das nur aus Bedürftigen besteht, also nur aus denjenigen, die Solidarität benötigen, gibt es nicht – so sagt es zutreffend der »unmoderne« Rudolf Dreßler, Sozialexperte der SPD. Eine Krankenversicherung nur für Arme und Kranke oder eine Pflegeversicherung nur für Alte und Pflegebedürftige – was soll das sein? Vor allem aber: Was soll das mit sozialer Gerechtigkeit zu tun haben? Solche Überlegungen haben nur eines im Sinn: Die ökonomisch Schwachen sollen unter sich bleiben und sich gegenseitig helfen. Solidarität soll nur noch gruppenbezogen praktiziert werden.

Wohlgemerkt: Sparen, auch eisernes Sparen, ist für sich noch lange kein Angriff auf den Sozialstaat. Zum Angriff wird das Sparen aber dann, wenn es höchst einseitig geschieht, wenn bei den Normal- und den Geringverdienern gespart, aber der Wohlstand der Reicheren und Reichen geschont wird; wenn die Solidarität eingeschränkt und der Sozialstaat als politisches Grundprinzip verneint wird. Die Streichung des Zuschusses zu Brillengestellen oder zu ambulanten Badekuren mag als Ärgernis empfunden werden; ein Verstoß gegen den Solidaritätsgrundsatz liegt darin sicherlich nicht. Sparen kann gerade deshalb nötig sein, um das soziale Sicherungssystem zu erhalten. Man darf aber nicht, unter dem Vorwand der Erhaltung, mit dem Abriß beginnen.

Es fällt auf, daß die Bekenntnisse zu sozialer Gerechtigkeit, zu Solidarität und Chancengleichheit in der Schröder-SPD jetzt als die Litanei derer gelten, die angeblich verbohrt im alten Glauben verharren. Akzeptiert werden die alten Chiffren nur noch dann, wenn das Wort »neu« davorgesetzt wird: »neue« Solidarität, »neue« Realitäten, »neue« Konzepte. »Neu« meint dabei jeweils ungefähr das Gegenteil von dem, was bisher darunter in der SPD verstanden wurde. Zu den neuen Inhalten zählt das Vertrauen in die Zauberkraft des Marktes und in die Selbstheilungskräfte der Wirtschaft. Das führt letztendlich dahin, daß die Politik durch den »Markt« ersetzt wird. Sozialdemokraten, die fragen, was denn daran noch sozialdemokratisch sein soll, gelten nun als »Traditionalisten«. Und die so Titulierten kapieren entgeistert, was angeblich ein »moderner« Sozialdemokrat ist: ein Neoliberaler mit sozialdemokratischer Vergangenheit, ein Konvertit also.

Konvertiten haben bekanntlich bestimmte Eigenschaften: Sie sind oft unleidlich, was andere Meinungen betrifft – vor allem derjenigen gegenüber, die sie früher selber vertreten haben. Und sie begreifen oft, wenn sie die neuen Glaubensformeln aufsagen, noch gar nicht so genau, was sie da sagen; aber sie tun es mit um so größerem Eifer. Aus dem Streit um Wörter können sich deshalb sehr schnell Glaubenskämpfe entwickeln: Jeder der Streitenden klappt sein Visier herunter; das vernünftige Gespräch endet, der Krieg beginnt. Es ist dies ein Schicksal, das der SPD bevorstehen könnte.

Der Tanz ums Goldene Kalb

Noch murren die Genossen bloß über die neuen Fahnen, unter denen sie der Kanzlerparteichef reiten läßt. Der saarländische Ministerpräsident Reinhard Klimmt hat seinen Klagebrief gegen Schröder sicherlich auch deshalb geschrieben, um im Vorfeld der saarländischen Landtagswahl Aufmerksamkeit auf sich zu ziehen; aber er macht sich damit zum Sprecher einer Grundstimmung in der SPD, wie auch die Zustimmung zu Klimmt seitens des Deutschen Gewerkschaftsbundes gezeigt hat. Die Kritiker treibt das Gefühl um, daß es für die Zukunft der Partei furchtbar wäre, wenn die Steigerungsformel für soziale Kälte künftig »kalt, eiskalt, Schröder-SPD« hieße.

Beim innerparteilichen Streit um die Wiedereinführung der Vermögensteuer geht es deshalb um mehr als nur um eine Steuer. Es geht um ein Symbol, es geht um einen Wegweiser für die zukünftige SPD-Politik. Der Streit darüber, wieviel eine solche Steuer angesichts des derzeitig geltenden Einkommensteuersystems erbringen kann, ist gar nicht entscheidend. Für ihre Verfechter ist diese Vermögensteuer ein Memento, das den Staat an seine Verantwortung für das Gemeinwohl erinnert. Im Artikel 14 Absatz 2 des Grundgesetzes steht nämlich nach wie vor der Satz: »Eigentum verpflichtet ...« – und im Nachsatz steht nicht »zu Eigentumsvermehrung und Gewinnmaximierung«, wie dies die neue ökonomische Lehre predigt. Sondern da steht: »Sein Gebrauch soll zugleich dem Wohle der Allgemeinheit dienen.«

Die Marktwirtschaft produziert, weil der Erfolgreiche ja etwas von seinem Erfolg haben will und soll, soziale Ungleichheiten, die sich durch die Garantie von Eigentum und Erbrecht verfestigen. Der Staat muß hier mit Steuern steuern, »sonst läuft für einen Teil der Menschen die Freiheit leer, weil ihnen die soziale Voraussetzung zur Realisierung ihrer rechtlichen Freiheit fehlt«. So formuliert dies der frühere Bundesverfassungsrichter Ernst-Wolfgang Böckenförde. Wenn Ungleichheit ein gewisses Maß überschreite, schlage sie um in Unfreiheit. Vermögen- und Erbschaftssteuern demonstrieren, daß der Staat sich dessen bewußt ist. Reiche, Vermögende, Unternehmer und Manager müssen wissen, daß sie in einer Gesellschaft leben und daß sie den Zusammenhalt der Gesellschaft nicht gefährden dürfen, ohne die Basis zu zerstören, auf der sie arbeiten beziehungsweise ihr Vermögen vermehren oder genießen. Die Wirtschaft ist auf Voraussetzungen angewiesen, die sie selber nicht schaffen kann – und ohne diese Voraussetzungen ist auch der Genuß von Wohlstand und Reichtum nicht möglich. Das hat seinen Preis. Und die, die von diesen Voraussetzungen profitieren, sollen ihn auch zahlen.

Um dieses Bewußtsein, von dem sie glauben, daß es in der Schröder-SPD schwindet, geht es Klimmt & Co. Deswegen hat Klimmt in seinem Brandbrief an Schröder die Wiedereinführung der Vermögensteuer gefordert, deswegen sind der sachsen-anhaltinische Ministerpräsident Reinhard Höppner und andere darauf eingestiegen. Wer die Vermögensteuer fordert, tut dies auch, um so der Gefahr zu begegnen, daß die rot-grüne Legislaturperiode zum Tanz ums Goldene Kalb gerät. Das private Vermögen in Deutschland beträgt 14 Billionen Mark; etwa die Hälfte davon dürfte den Kleinsparern, Häuslebauern und Eigentumswohnungsbesitzern gehören. Würde der Bundesfinanzminister die andere Hälfte, also die wirklich Reichen, die von den Erträgen ihres Vermögens leben können, mit einem Prozent jährlich besteuern, dann müßte er nicht 30 Milliarden Mark sparen, sondern hätte 40 Milliarden Mark zusätzlich.

Der Münchner Altoberbürgermeister Georg Kronawitter (SPD) muß sich, anders als die SPD-Ministerpräsidenten, keinen Wahlen mehr stellen – aber seine Klage an Schröder ist noch lauter als die der Aktiven: »Lieber Gerhard ... Wir müssen den Mumm haben, den Superreichen den Satz entgegenzuschleudern: Jetzt seid ihr dran!« Und für den Fall, daß »Du aus politischen Gründen das nicht willst, dann lege Deiner Antwort Argumentationshilfen bei, denn ich weiß nicht, wie ich unsere einfachen Leute davon überzeugen kann, daß die großen Vermögensbezieher auch bei einer SPD-Regierung ungeschoren bleiben«.

Noch sind viele Genossen nicht widerständig, sondern einfach nur widerwillig und lustlos angesichts der Schröderschen Politik; noch gibt es keinen offenen Aufstand. Doch dieser Zeitpunkt rückt näher, wenn sich die Niederlagen der SPD häufen. Die Gegenreden von Klimmt & Co. gegen die Politik Schröders sind ein Vorgeschmack. Zunächst wird es dem Kanzlerparteichef gelingen, den Klimmts in der Partei diverse Wahlniederlagen anzulasten – weil sie die Sparpolitik diskreditiert hätten (obwohl es bei dieser Kritik nicht um die Sparpolitik an sich, sondern um den Geist geht, in dem sie betrieben wird). Wenn es dann darüber im Vorfeld der nächsten Bundestagswahl zu einem Glaubenskrieg kommt, wird der zwar keine dreißig Jahre dauern, aber er kann für die SPD vergleichbare Folgen haben wie der Dreißigjährige Krieg für Deutschland: den Machtverlust ohnehin – und die Verwüstung der Partei.

Was die SPD schon angerichtet hat

Der politische Richtungswechsel, der die derzeitige Wirtschafts- und Sozialpolitik der SPD kennzeichnet, hat auf anderem Terrain bekanntlich schon stattgefunden: Es gibt keine Verschärfung im Bereich des Straf-, Polizei- oder Ausländerrechts, die in den vergangenen Jahren nicht von der SPD angeregt oder mit angerichtet worden wäre. Und all diese Aktionen wurden und werden begleitet von marktschreierischen Anpreisungen und dem Versuch, den politischen Konkurrenten dabei möglichst noch zu überbieten. Bei diesem seltsamen Wettbewerb (Spieglein, Spieglein an der Wand: Wer ist der Schärfste im ganzen Land?) haben übrigens auch die »Lafontainisten« mitgemacht; Lafontaine war seinerzeit auch einer der ersten gewesen, der in der SPD das Asylgrundrecht zur Disposition gestellt hat. Auf dem Gebiet der inneren Sicherheit schwindet der Unterschied zwischen Union und SPD schon lange.

Dieses Gebiet der inneren Sicherheit besteht aus zwei Feldern: Das eine Feld ist das der Verfolgung von Straftaten, genannt Repression. Das andere Feld ist das der Vorbeugung, genannt Prävention. Auf dem Feld der Repression akkern und säen seit jeher CDU und CSU. Das andere Feld, das der Prävention, bestellte einst die SPD – doch das ist lange her; damals hießen die sozialdemokratischen Vorarbeiter Adolf Arndt, Gustav Heinemann und Hans-Jochen Vogel. Sie versuchten, eine eigenständige Rechts- und Innenpolitik zu entwickeln. Gerhard Schröder ist (nach Björn Engholm, Rudolf Scharping und Oskar Lafontaine) schon der vierte Parteivorsitzende, unter dessen Ägide diese Politik rückabgewickelt wird.

Statt die Verfolgung von Kriminalität und die Bekämpfung ihrer Ursachen kraftvoll zusammenzuführen, hat die SPD all ihr Gerät auf das Areal geworfen, das schon von CDU und CSU umgegraben wird. Auf dem Feld der Repression findet zwischen den großen Parteien also so eine Art Wettpflügen statt, bei dem vermeintlich der gewinnt, der in noch kürzerer Zeit noch mehr Erde aufwirft. Wachsen kann auf diesem Feld nichts mehr, weil, kaum daß ausgesät ist, Union und SPD schon wieder alles aufreißen.

Sicherlich: Wer die zuständigen SPD-Minister Schily und vor allem Herta Däubler-Gmelin hört, der weiß, daß die Erkenntnis durchaus vorhanden ist: daß innere Sicherheit nicht auf der Erfindung immer neuer Strafbestimmungen, nicht auf ständigen Strafverschärfungen und nicht auf dem ständigen Abbau von Grundrechten beruht, daß Kriminalitätsbekämpfung vielmehr nur dann nachhaltigen Erfolg hat, wenn staatliche Behörden, kommunale Ämter und soziale Einrichtungen intensiv zusammenarbeiten. Es gibt Papiere, in denen all dies schön ausgeführt wird, in denen auch die Wege zu einer liberalen Drogenpolitik vorgezeichnet sind.

Und man findet in SPD-Programmen und sogar in Schröder-Texten den berühmten Satz des Strafrechtlers Franz von Liszt, der früher das gute Maß sozialdemokratischer Politik war: Die beste Kriminalpolitik ist eine gute Sozialpolitik. Doch der SPD reicht es derzeit, wenn so ein Satz auf dem Papier steht. Und so sind die schönen Ankündigungen einer Neuorientierung der Rechts- und Innenpolitik jedenfalls in der ersten Etappe von Rot-Grün Theorie geblieben.

Wechsel heißt, das ist die Erfahrung nach dieser ersten Etappe, daß man froh sein muß, daß die repressive Politik der Vorgänger nicht noch verschärft worden ist. Man hat sie nicht auf den Prüfstand gehoben. Man ist einfach dabei geblieben.

Schröders Katzengold

Es gibt ein altes deutsches Rechtssprichwort, das eigentlich nicht auf die SPD gemünzt ist, aber gut zu ihr paßt. Es lautet: Wo du dein Vertrauen gelassen hast, da sollst du es suchen! Das bedeutet im Zivilrecht so etwa, daß man sich gefälligst gut aussuchen soll, mit wem man Geschäfte macht. Wer sich also zu blauäugig, zu vertrauensselig oder geblendet vom kurzfristigen Vorteil auf einen Vertrag einläßt, der kann später nicht so tun, als wäre er überrumpelt worden und hätte also nicht gewußt, was er tat. Das gilt für die

Wählerinnen und Wähler und ihre Entscheidung für einen Bundeskanzler Schröder. Das gilt für die Grünen und ihr Verhältnis zum großen, übermächtigen Koalitionspartner. Das gilt aber auch für die SPD und ihr Verhältnis zu Gerhard Schröder.

Die Sozialdemokraten haben sich auf Schröder eingelassen. Sie haben ihn 1998 nicht nur zu ihrem Kanzlerkandidaten gemacht, sondern ihn dann, nach vollbrachter Tat, auch noch zu ihrem Vorsitzenden gewählt. Sicherlich: Da herrschte wegen des Knall-auf-Fall-Rücktritts Oskar Lafontaines eine Notlage. Aber: Alle kannten ihren Genossen Gerhard, keiner kann sagen, Schröder habe sich verstellt. Er hat niemanden getäuscht. Er erfüllt nur die Erwartungen derer nicht, die gedacht haben, als Parteivorsitzender würde er bestimmte Überzeugungen achten und versuchen, ein Vorsitzender für die ganze Partei zu sein. Schröder indes ist vor allem Kanzler, erst dann Vorsitzender – und die SPD ist ihm dafür da, seine Kanzlerpolitik zu stärken. Er sieht seine Aufgabe darin, Kanzlerpolitik und SPD-Politik möglichst zur Deckung zu bringen. Das tut ihm momentan gut, ist aber nicht unbedingt gut für die Zukunft der Partei.

Eine Koalition ist ein Bündnis auf Gedeih, nicht auf Verderb. Es ist der Koalition bisher nicht gelungen, diese Devise zu beherzigen. Im Regierungsprogramm gibt es durchaus Goldkörner, die Kern einer neuen Politik sein könnten. Diese Nuggets sind nicht aus Katzengold, obwohl der Kanzler sie so behandelt. Sie sind kleiner und nicht so zahlreich, wie man das hätte hoffen können – aber es gibt sie: Staatsbürgerschaft, Ökosteuer, Atomausstieg, Steuerreform. Doch die Staatsbürgerschaftsreform ist klein ausgefallen, die Projekte Ökosteuer und Atomausstieg werden, weil der Kanzler so tut, als müßte er sich für sie genieren, im Koalitionsalltag zerrieben. Das große Spar- und Steuerpaket, die Konsolidierung des Haushalts also, muß erst noch die Feuer- und Fairneßprobe bestehen.

An solchen Projekten muß sich zeigen, ob Rot-Grün vielleicht doch noch an die Reformzeiten Willy Brandts anknüpfen kann. Wie das geht? Indem die Regierungspolitiker nicht so sehr auf ihre Selbstverwirklichung hoffen, sondern Hoffnung selbst verwirklichen. Willy Brandt und sein FDP-Außenminister und Vizekanzler Walter Scheel haben die Öffnung der deutschen Politik nach außen betrieben. Ihre neue Ostpolitik hatte eine Vision; und sie haben diese Vision verwirklicht. Gerhard Schröder und sein Vizekanzler Joschka Fischer müssen die Politik nach innen öffnen. Dazu gehört die Fortsetzung des Projekts Staatsbürgerschaftsrecht und Integration, mit dem sich die Politik, fast zu spät, einem der größten Probleme des Landes stellt; wenn die Koalitionäre das klug fortsetzen, dann steht am Ende die gelungene Aufgabe vormals ausländischer Kinder und ihrer Angehörigen in die deutsche Gesellschaft. Zur Öffnung der Politik nach innen gehört die entschlossene Bekämpfung der Arbeitslosigkeit und die Renovierung des Sozialstaats in einer gemeinsamen Anstrengung aller. Eine solche Anstrengung wäre ein schöner und guter Inititationsakt für eine Republik, die jetzt von Berlin aus regiert wird. Und ein solcher Reformkonsens würde anknüpfen an die gute sozialpartnerschaftliche Tradition der Bonner Republik und beweisen, daß das Reden von der ganz anderen Berliner Republik töricht ist.

Als am 1. Juli 1999 der Bundestag zu seiner letzten Sitzung in Bonn zusammentrat, war viel »vom kostbaren Erbe« die Rede, das es zu bewahren gelte; erben tut man aber bekanntlich nur, wenn einer stirbt. Ist die Bonner Republik gestorben und beerbt worden von einem neuen Gebilde, genannt Berliner Republik – einer Republik, die sich nun bemühen muß, die alten Bonner Traditionen zu konservieren und zu pflegen? Müssen also im Berliner Reichstag Vitrinen aufgestellt werden mit der Aufschrift: »Das war die Bonner Republik«? Das käme einer modischen Politik gelegen, die so tut, als wäre das Sozialstaatsgebot ein Relikt der alten Republik und ein Standortnachteil der neuen.

Der Wechsel, den die Wählerinnen und Wähler von Rot-Grün erwartet haben, meinte nicht die forcierte Fortsetzung Kohlscher Politik. Sie wollten ein Bündnis für Arbeit, nicht ein Bündnis gegen das Solidarsystem. Die Wählerinnen und Wähler von Rot-Grün wollten auch keine Regierung mehr, die Globalisierung als unabwendbares Schicksal hinnimmt, so als wäre diese nicht ins Werk gesetzt worden, sondern vom Himmel gefallen. Schon gar nicht wollten sie eine Bundesregierung, die zwar von den Chancen der Globalisierung schwärmt, für die Ängste und Sorgen der Menschen aber kein Ohr hat. Sie wollten eine Regierung, die ihre Gemeinwohlverantwortung kennt und bei der die Freiheit nicht zum Recht des Stärkeren verkommt. Und sie wollten eine Regierung, die regiert – und die Regelsetzung nicht den Mächtigen der Wirtschaft überläßt. Sie wollten eine Regierung, die nicht nur zusieht, wie sich die Interessen des Kapitals nahezu ungehemmt entfalten. Sie wollten eine Bundesregierung, die das hält, was der Koalitionsvertrag in seinem Titel ankündigt: »Aufbruch und Erneuerung«.

Aufbruch und Erneuerung – das ist ein gutes Arbeitsprogramm, wenn es, zum Beispiel, darum geht, ein einfacheres Steuersystem zu schreiben; das jetzige ist ein labyrinthisches System, das den Steuerpflichtigen schon bald nach seiner Abschaffung so vorkommen wird, wie heute den Touristen die gewundenen Korridore des Palastes von Knossos. Aufbruch und Erneuerung – das verlangt nicht den Abbruch, sondern die Stärkung des sozialen Systems; es ist nicht bloße Verzierung, nicht die Lüftlmalerei am deutschen Haus, sondern sein Fundament.

Aufbruch und Erneuerung – für das Rechtssystem bedeutet das: mehr Transparenz, mehr Übersichtlichkeit, mehr Ordnung. Der deutsche Gerichtsaufbau, in seinem Kern 130 Jahre als, ist ein Jahrhundert lang immer komplizierter geworden. Die Konstruktion der Rechtsmittel ist vielfach kaum noch nachvollziehbar. Freude an deren Unübersichtlichkeit haben nur die juristischen Verlage, weil sich ohne ihre Kommentarwerke auch Experten nicht mehr zurechtfinden. Die Reform, die von Bundesjustizministerin Herta Däubler-Gmelin eingeleitet wurde, läuft langsam an – aber diese Behutsamkeit ist notwendig, weil die Reform nur funktioniert, wenn die Richterinnen und Richter, Anwältinnen und Anwälte mitziehen und ihre Berufsvertretungen die Reform mitgestalten.

Aufbruch und Erneuerung – der Ausstieg aus der Kernenergie kann innovatorische Kraft entfalten; und daß der Ausstieg aus einer Technologie nicht zur Brache, sondern zu einer Blüte führen kann, zeigt sich auf dem Gelände der einst so heiß umkämpften WAA Wackersdorf, der in den achtziger Jahren geplanten und dann aufgegebenen Anlage für die Wiederaufbereitung von Kernbrennstäben: Die Betriebe, die sich auf dem alten WAA-Gelände angesiedelt haben, brachten Wohlstand in eine arme Ecke Ostbayerns.

Aufbruch und Erneuerung – das heißt, daß man auch im Jahr 2000 noch mehr Demokratie wagen muß. Im Koalitionsvertrag wird die Einführung von Volksbegehren und Volksentscheid auf Bundesebene versprochen; beim Versprechen sollte es nicht bleiben, weil die Deutschen mittlerweile gezeigt haben, daß das Mißtrauen, das die Mütter und Väter des Grundgesetzes gegen ein Volk hatten, das einst Hitler gewählt und ihm bis zum Schluß die Treue gehalten hatte, nicht mehr berechtigt ist. Politiker appellieren gern an die »Zivilgesellschaft«: in neuen plebiszitären Elementen im Grundgesetz, die das bisher streng repräsentative System ergänzen, fände diese Zivilgesellschaft Anreiz und Anerkennung.

Aufbruch und Erneuerung – das ist schließlich keine bloß nationale Aufgabe mehr. Der Aufbruch nach Europa muß endlich demokratisch begleitet werden. Bisher arbeitete die Europäische Union nach einem fragwürdigen Prinzip: Mehr Europa durch weniger Demokratie. Man tat so, als sei Demokratie eher störend beim Bau des europäischen Hauses. Es muß genau anders werden: Europa muß ein Synonym werden für eine lebendige Demokratie.

Aufbruch und Erneuerung? Davon ist bisher nicht sehr viel zu spüren. Aber einem Aufbruch pflegt ja oft eine gewisse Zeit der Unruhe, ja des kompletten Durcheinanders vorauszugehen. Mit gutem Willen mag man es also betrachten: Die erste Etappe von Rot-Grün war die hektische Vorbereitung des Aufbruchs.

Wer eine Sache will ergründen,
muß, mein ich, Phantasie entbinden,
muß ahnen, spielen, muß erfinden.
Und führt kein gerader Weg zum Ziel,
der andern Wege sind so viel.

Galileo Galilei,
Kapitel gegen das Tragen der Robe

Johannes Willms (Hrsg.)

Bilder Reise Deutschland

Fotografien aus 50 Jahren

176 Seiten, 51 s/w Fotos, broschiert

Es gibt Fotografen, die mehr festhalten als einen bestimmten Moment oder ein rasch vergessenes Geschehnis. Sie verdichten historisch bedeutsame Entwicklungen oder zeittypische Gesten; sie werden zum Sinnbild. Das in Zusammenarbeit mit dem Westdeutschen Rundfunk und der Süddeutschen Zeitung entstandene Buch versammelt 51 Fotografien, die markante Augenblicke aus der 50jährigen Geschichte der Bundesrepublik Deutschland einfangen. Es sind Bilder von Situationen und Ereignissen, die das Typische des jeweiligen Jahres spiegeln und gleichzeitig die weitere politische, gesellschaftliche oder geistige Entwicklung des Landes prägten. Jede Fotografie wird durch einen historischen Kurzessay begleitet, der ihre symbolische Bedeutung erhellt.

campe paperback